Nina Stempor
Matthias Rickling

Wir
vom
Jahrgang
2001
Kindheit und Jugend

Impressum

Bildnachweis:

Privatarchiv Familie Stempor: 4, 6, 7 l./r., 8 o., 9 u., 11, 19, 22 l., 33 u., 34, 37 l., 38 o., 46 u., 47 l., 49, 50, 56 l., 58 l./r., 61 u., 62 u., 63; Privatarchiv Familie Schröder: 8 u., 9 o., 10 o./u., 12 l./r., 13, 17 r., 21 u., 24 u., 47 r., 60 o.; Privatarchiv Familie Rickling: 15, 16, 17 l., 18 o./u., 20, 21 o.l./o.r., 22 r., 23, 24 o., 25, 26, 27, 28, 29 o./u.l./u.r., 31 l./r., 32, 33 o., 35, 36 l./r., 37 o.r./M.r./u.r., 38 u., 40, 43, 44 o./u., 45 o./u., 52, 56 r., 57 o., 59, 62 o.;
picture alliance / © dpa: S. 30, 42, 46 o., 51; picture alliance / Mary Evans Picture Library: S. 39; picture alliance: S. 48; picture alliance / CITYPRESS 24: S. 54; picture alliance / dpa: S. 55; picture alliance / Silas Stein / dpa: S. 57 u.

2. Auflage 2019
Alle Rechte vorbehalten, auch die des auszugsweisen Nachdrucks und der fotomechanischen Wiedergabe.
Gestaltung und Satz: r2 | Ravenstein, Verden
Druck: Druck- und Verlagshaus Thiele & Schwarz GmbH, Kassel
Buchbinderische Verarbeitung: Buchbinderei S. R. Büge, Celle
© Wartberg-Verlag GmbH
34281 Gudensberg-Gleichen • Im Wiesental 1
Telefon: 056 03/9 30 50 • www.wartberg-verlag.de
ISBN: 978-3-8313-3101-7

Liebe 2001er!

Unser Geburtsjahr ist etwas ganz Besonderes, schließlich sind wir die ersten Kinder des 21. Jahrhunderts und des 3. Jahrtausends unserer Zeitrechnung. Hört sich doch toll an, auch wenn unsere ersten 18. Lebensjahre nicht sehr viel anders verliefen als bei den Jahrgängen vor uns: Erst Windeln und Schnuller, dann Spielplatz und Kindergarten, gefolgt von aufregenden Schulzeiten mit viel zu vielen Hausaufgaben, den ersten Partys, dem Führerschein und dem ersten Verliebtsein bis hin zu der großen Frage, was wir später mal machen wollen. Und während wir uns mit Kunststoff-Dinos und Gameboys beschäftigten, uns von Gehfrei und Bobbycar zu Rollerblades und Motorrad emporarbeiteten, ging es in der Welt ziemlich chaotisch zu: Anschläge und Attentate, Naturkatastrophen, Kriege und Krisen bestimmten die Schlagzeilen unserer Kindheit und Jugend. Dennoch wuchsen die meisten von uns ziemlich behütet auf. Unsere Eltern halfen uns die Umwelt zu erkunden, während uns unsere Großeltern nicht nur zu Festtagen verwöhnten. Auf Klassenfahrten und im Zeltlager erlebten wir tolle Abenteuer, fanden unsere ersten Freunde fürs Leben und stürzten uns mit Begeisterung auf alles, was irgendwie mit Computern zu tun hatte. Mitten in die digitale Revolution hineingeboren, macht uns darin niemand etwas vor. Egal ob Spielkonsole, Laptop oder Smartphone, wir kennen uns aus. Ohne Angst vor der digitalen Welt zocken, twittern, posten, liken, streamen wir so selbstverständlich, dass es unseren Eltern manchmal bange wird. Wir sind der Jahrgang 01, wen wundert's, dass wir für die Technik aus Nullen und Einsen eine besondere Schwäche haben?

Ganz analog wünschen wir allen 2001ern schöne Erinnerungen an ihre Kindheit und Jugend.

Nina Stempor

Matthias Rickling

Die **Jahrtausend-kids** sind da

Alle bewunderten uns Jahrtausendkids.

Das neue Licht der Welt

Kaum hatten wir unser gemütliches Zuhause im Bauch unserer Mutter verlassen, fing auch schon der Stress an: Wir wurden gewogen und untersucht, vermessen, gebadet und anschließend auch noch angezogen. Na klar, das war alles nur zu unserem Besten, aber nach neun sehr bequemen Monaten fanden wir diese plötzliche Hektik gar nicht schön. Als Trostpflaster durften wir danach in den Armen unserer Mütter liegen und bekamen sogar unsere wohlverdiente

Chronik

2. Januar 2001
Bei der Bundeswehr werden in der Grundausbildung erstmals Frauen an der Waffe ausgebildet.

20. Januar 2001
George W. Bush wird zum Präsidenten der USA vereidigt.

23. März 2001
Nach 15 Jahren in der Erdumlaufbahn wird die Raumstation Mir kontrolliert zum Absturz gebracht. Sie verglüht über dem Pazifik.

16. Juni 2001
Klaus Wowereit – „Ich bin schwul, und das ist auch gut so!" – wird neuer Bürgermeister von Berlin.

23. Oktober 2001
Der iPod, der weltweit meistverkaufte tragbare Musikabspieler, wird vorgestellt.

22. Dezember 2001
Mit der Truppenentsendung nach Afghanistan stimmt der Bundestag dem ersten außereuropäischen Kampfeinsatz der Bundeswehr zu.

26. April 2002
An einem Gymnasium in Erfurt erschießt ein Schüler 16 Menschen und richtet sich anschließend selbst.

3. Juli 2002
Steve Fossett gelingt in 13 ½ Tagen die Erdumrundung in einem Heißluftballon.

23. Oktober 2002
In einem Moskauer Theater nehmen tschetschenische Terroristen etwa 800 Geiseln. 120 davon sterben bei der Befreiungsaktion.

9. November 2002
Mit der ersten Episode von „Deutschland sucht den Superstar" beginnt ein Castingshow-Boom.

2. Januar 2003
Das Dosenpfand wird landesweit eingeführt.

9. April 2003
Militär marschiert unter der Führung der USA im Irak ein: Beginn des Dritten Golfkrieges.

13. Dezember 2003
Nahe seiner Heimatstadt Tikrit wird der irakische Diktator Saddam Hussein festgenommen.

Mahlzeit. Aber nicht nur die Ärzte und Hebammen waren neugierig. Auch von unseren Eltern wurden wir genauestens von allen Seiten betrachtet und inspiziert, ob denn auch wirklich alles an uns dran war – und natürlich bewunderten sie uns und stellten fest, wie süß wir doch waren. Und weil wir so süß und unsere Eltern so stolz auf uns waren, musste auch ein entsprechender Name her. Viele Eltern hatten sich darüber lange und intensiv Gedanken gemacht und sicherlich hat es auch einige Uneinigkeiten darüber gegeben, wie der Nachwuchs denn nun heißen soll. Aber am Ende erhielten die meisten von uns einen wunderschönen Vornamen. Zu den beliebtesten des Jahres 2001 zählten u. a. Lea, Lisa, Laura und Anna oder Lukas, Leon, Niklas und Paul.

Jahrtausendsensation

Jetzt ging der Spaß erst richtig los. Kaum auf der Welt und mit einem Namen ausgestattet, machten wir die Bekanntschaften mit völlig fremden Leuten, die uns als Geschwister, Verwandte und Freunde vorgestellt wurden. Voller Stolz wurden wir überall herumgezeigt, denn schließlich waren wir ja für unsere Eltern die Sensation im ersten Jahr des ersten Jahrhunderts im neuen Jahrtausend. Gut, dass wir die meiste Zeit schliefen und den ganzen Rummel um uns nicht wirklich mitbekamen.

Doch die richtige Herausforderung für unsere Eltern folgte erst noch, weil sie ja schließlich mit ihrer Jahrtausendsensation in Windeln alles richtig machen wollten. So wurde erstmal das Kinderzimmer eingerichtet. Eine Wickelkommode

Neugierig erlebten wir den Rummel um uns.

musste her, dazu eine Wiege oder ein stabiles Bettchen, über dem sich ein buntes Mobile drehte. Wichtig war auch das Babyphone, sozusagen unser erstes Telefon, über das wir unseren Eltern an gemütlichen Abenden mitteilen konnten, dass wir viel wichtiger waren als die blöde neue Serie im Fernsehen. Außerdem bot unser erstes Zimmer allerlei schönen, merkwürdigen und auch unmöglichen Plüschtieren eine neue Heimat. Auf alle Fälle wurde in unsere neue Umgebung ganz viel Mühe und Liebe investiert, die wir anfangs noch gar nicht richtig schätzen konnten. Als Dank, schließlich wollten auch wir alles richtig machen, meldeten wir uns – mit oder ohne Babyphone – mit zarten, aber durchdringenden Schreien, die entweder von leeren Mägen oder vollen Windeln kündeten. Gut, dass unsere Eltern unser Klagen stets zu deuten wussten und uns entsprechend stillten, fütterten, wuschen, badeten, cremten und die Windeln wechselten. Kurz gesagt, wir hielten unsere Eltern ganz schön in Atem.

Klare Zeichen

Natürlich bedankten wir uns für die elterliche Mühe und Fürsorge mit einem süßen Lächeln und wir machten ganz brav, nachdem man uns erst mal auf dem Rücken rumgeklopft hatte, ein Bäuerchen. Manche von uns hinterließen bei dieser Aktion auch diverse Rückstände auf den Schultern des „Klopfers". Aber wie gesagt, wir waren in allem sehr darum bemüht, unseren Eltern zu gefallen.

Und das Schönste war, dass nicht mehr nur die Mütter gefordert waren, die uns schon neun lange Monate versorgt und überall hingetragen hatten, auch die Väter mussten sich unter Beweis stellen. Diejenigen Väter, die sich die Zeit nehmen konnten, kümmerten sich ganz intensiv und liebevoll um uns. Manche Mütter waren bestimmt erstaunt, wie toll die neugebackenen Papas mit uns kleinen Erdlingen umgehen konnten.

Auch in Sachen Mode setzen wir klare Zeichen. Okay, es waren doch wohl mehr unsere Eltern. Denn für sie war es ganz wichtig, dass man uns deutlich als Mädchen oder Jungen erkennen konnte. Und so wurden wir dem Geschlecht entsprechend in Rosa und Rot oder in Blau und Beige eingekleidet. Bei den Mädchen fand man es besonders putzig, wenn sie Kleidchen und Röckchen trugen. Das galt vor allem für die ersten großen Familienfeiern zu Ostern oder Weihnachten. Aber auch das ging an uns vorbei, konnten wir doch weder mit bunten Ostereiern noch mit hübschen Geschenken etwas anfangen. Noch nicht, doch das sollte sich schon bald ändern.

Richtig merkwürdig wurde es bei einigen von uns zu jener Zeit, die als Karneval, Fasching oder Fastnacht bezeichnet wird. Je nachdem, wie sehr unsere Eltern diesen bunten Aktivitäten anhingen, wurden auch wir in Kostüme gesteckt. Alles reine Geschmackssache. Doch wenn man sich die Fotos von damals anschaut, dann dürfen wir uns heute schon die Frage stellen, ob wir das unseren Kindern später auch mal antun werden ... Überhaupt, dürfen Eltern so was?

Mancher war erstaunt, wie toll unsere Väter mit uns umgehen konnten.

Noch konnten wir uns gegen solcherlei Verkleidung nicht wehren!

1. bis 3. Lebensjahr

Ein Tag, der die Welt veränderte

Zwei gläserne Hochhäuser, gigantische Rauchwolken, Chaos. Niemand wird die Bilder wohl jemals vergessen können, die weltweit am 11. September 2001 übertragen wurden. Auch wir 2001er, die wir gerade erst auf dieser Welt angekommen waren, haben inzwischen einige Hundert Mal gesehen, wie sich die von radikalislamistischen Terroristen entführte Boeing in den nördlichen Tower des World Trade Center in New York bohrt und explodiert. 18 Minuten später schlägt eine weitere Boeing in den südlichen Twintower, kurz darauf stürzt ein drittes entführtes Flugzeug in das

Pentagon in Washington, ein viertes, das vermutlich das Weiße Haus treffen sollte, stürzt bei Pittsburgh ab. Fast 3000 Menschen sterben an diesem Tag, doppelt so viele werden verletzt. Die Folgen von „Nine-Eleven" sind bis heute spürbar. Seit unserem Geburtsjahr bestimmt der Kampf gegen den islamistischen Terror die Weltpolitik und es ist kaum ein Monat vergangen, an dem nicht über Anschläge, Krieg und Terror berichtet wird, der inzwischen auch unser Heimatland heimgesucht hat. Wir kennen es gar nicht anders, und manchmal könnte man glauben, das sei ganz normal.

Immer unterwegs

Man schob uns im Kinderwagen, zog uns im Anhänger oder schleppte uns in einer Trage herum. Und so gelangten wir an die unterschiedlichsten Orte, von denen uns einige gefielen, andere weniger. Warum und wieso sie uns gefielen oder auch nicht, wissen wir nicht mehr. Auf alle Fälle kamen wir viel herum, ob wir wollten oder nicht, denn wir hatten ja keine Chance, uns dagegen zu wehren. Wir konnten gerade mal sitzen und

Unterwegs sein macht echt müde.

Im Maxi-Cosi immer dabei.

Wir kamen schon viel herum.

schon wurden wir auf die ersten Spielplätze geschoben, damit sich unsere Eltern einen Eindruck davon machen konnten, wie wir uns im Sandkasten so machten. Außerdem tauschten sich alle frischgebackenen Eltern permanent darüber aus, was für uns Kinder das Beste sei und was man mit uns jetzt schon alles anstellen könne. Und so ging es für einige von uns zum Babyschwimmen, wo wir eifrig unsere Planschkünste unter Beweis stellten. Doch es sollte der Tag kommen, an dem wir uns aufrafften, die Welt eigenständig zu erkunden. Zuerst ging es mühselig auf allen vieren krabbelnd oder robbend los. Aber immerhin, wir kamen nun endlich selbstständig vom Fleck und fühlten uns gleich ein wenig unabhängiger.

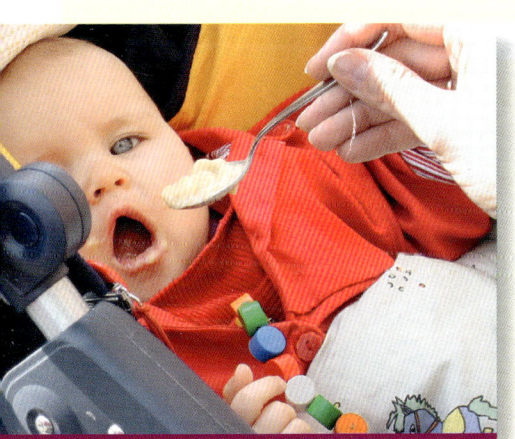

Nicht alles, was lecker aussieht, ist essbar und nicht alles, was essbar ist, sieht lecker aus.

Ah!

Und welch ein Zufall, genau in unserem Geburtsjahr ging im Fernsehen die Kindersendung „Wissen macht Ah!" an den Start, die uns später einige spannende Dinge erklärte. Spätestens als wir uns ein wenig eigenständig bewegen konnten, wurde dieses „Fernsehen für Klugscheißer" zu unserem Motto. Denn überall gab es so viel zu entdecken und nichts war vor uns sicher. Wie kleine Wissenschaftler waren wir unterwegs und mussten alles untersuchen. Ob schimmernder Käfer, ein sich windender Wurm oder ein glatter Kieselstein, es wurde ganz genau unter die Lupe genommen, und zwar mit allem, was uns zur Verfügung stand. Das hielt unsere Eltern natürlich erneut in Atem und löste bei

1. bis 3. Lebensjahr

ihnen mehrfach ein erschrockenes „Ah!" aus. In Windeseile wurden sämtliche Steckdosen gesichert und alles, was in unserer Reichweite herumlag, wurde weggeräumt. Und sollten wir doch was erwischt haben, so wurde es uns gleich entrissen oder aus dem Mund gepult. Das ging natürlich nicht immer ohne

„Fütterung" unterwegs.

Protest vonstatten. Also versuchten unsere Eltern uns mit gaaanz viel Geduld klar zu machen, dass man nicht alles in den Mund stecken darf und nicht alles, was lecker aussieht, essbar ist. Aber woher, bitte schön, wollten die denn wissen, ob ein Kieselstein oder ein Regenwurm uns nicht doch gut schmeckt?

Geschmacksfrage

Wir hatten zum größten Entzücken unserer Eltern und nach ewigen Wiederholungen endlich gelernt, die Worte „Mama" und „Papa" von uns zu geben. Aber schon bald wurde unser noch übersichtlicher Wortschatz um die wunderbar wandelbare Vokabel „Bäbä" ergänzt. Denn eines war uns schnell klar, wir wollten selber bestimmen, was uns schmeckt und was nicht. Mit „Bäbä" konnten wir recht gut mitteilen, wenn uns etwas nicht so sehr mundete. Und wenn wir mit dem Löffel gefüttert wurden und man uns nicht erhören wollte, dann spuckten wir kurzerhand alles wieder aus. Es muss am Esstisch so manche Sauerei mit Fontänen verschiedenfarbiger Lebensmittel gegeben haben, an die wir uns zum Glück aber auch nicht mehr erinnern können. Oder wir gingen in den Sitzstreik und machten den Mund erst gar nicht auf. So machten wir in Sachen Nahrungsaufnahme unsere ganz eigene Erfahrung: Nicht alles, was Mutti oder Vati uns kochten – und sei es noch so gesund –, wollte uns schmecken.

Mmh, das schmeckt!

Das eilige Lexikon

Kaum war das neue Jahrtausend in Fahrt gekommen, mussten sich unzählige Regalkilometer dicker, schwerer und teurer Bücher auf ihren letzten Gang vorbereiten. Am 10. Januar 2001 wurde ein Internet-Projekt aus der Taufe gehoben, das zunächst unter der Webadresse http://www.wikipedia.com online ging. Die Idee, im Internet eine freie Enzyklopädie aufzubauen, war schon einige Jahre alt. So hatten Ward Cunningham bereits das „WikiWiki" (hawaiisch „sich beeilen", „schnell machen") und Jimmy Wales und Larry Sanger „Nupedia" entwickelt, aus dem nun Wikipedia wurde. Aufgebaut durch freiwillige und ehrenamtliche Autoren, zudem kostenlos und frei verwendbar, sorgte das „fixe Lexikon" für den Niedergang der Papier-Lexika und ihre CD-ROM-Nachfolger. Bereits im März 2001 wurde das deutsche Wikipedia erstmals bearbeitet und sorgte dafür, dass auch die letzte Ausgabe der 24-bändigen Brockhaus-Enzyklopädie (20. Ausgabe 1996) mit ihren 260 000 Stichwörtern alsbald ihren Marsch in die Papiertonne antrat. Heute (2018) stellt Wikipedia Deutschland weit über zwei Millionen Artikel zur Verfügung, deren Inhalt über 1200 Buchbände benötigen würde.

Weiter geht's

Damit wir nicht ganz so viel Unsinn machen konnten und wir die Nerven unserer Eltern nicht überstrapazierten, wurden einige von uns in einen Laufstall gesetzt. Ein Gefängnis für Kleinkinder, das man mit jeder Menge Spielsachen teilen musste. Andere sollten jedoch noch beweglicher werden und wurden in einen „Gehfrei" oder „Baby-Walker" gehängt. Denn lange hielt das Krab-

Langsam aber sicher kamen wir in Bewegung.

beln nicht an und wir wollten auf eigenen Beinen stehen und gehen. Wir waren natürlich fürchterlich stolz auf unsere ersten Schritte, die wir ohne Hilfsmittel schafften, naja, auch wenn das Gehen mehr ein unsicheres Dahinwanken war.

Von nun an wurde die Welt noch interessanter. Erst mal wurden alle erreichbaren Tische fein säuberlich abgeräumt. Nicht gerade so, wie es unsere Eltern gerne gesehen hätten, aber immerhin. Hieß es nicht immer, nur Übung macht den Meister?

1. bis 3. Lebensjahr

Nun war es auch an der Zeit, sämtliche Räumlichkeiten umzugestalten. Mit allen Mitteln, die wir erwischen konnten, versuchten wir unser Zuhause aufzupeppen. Nichts war mehr vor uns sicher und wir bemalten mit Begeisterung Wände, Möbel und wenn möglich auch die Fußböden. Unserer Kreativität war keinerlei Grenze gesetzt und wir entwickelten uns zu echten Künstlern, auch wenn unsere Eltern von unserer Kunstfertigkeit nicht ganz so begeistert waren. Außerdem mussten wir schnell lernen und möglichst viel ausprobieren, wenn wir eines Tages ein Superstar werden wollten. Denn 2002 ging die Castingshow „Deutschland sucht den Superstar" auf Sendung. Fast das ganze Land verfiel in einen wahren DSDS-Rausch und manche Eltern setzten wirklich alles daran, um ihren Nachwuchs einmal auf der Fernsehbühne zu sehen. Ok, singen war halt noch nicht ganz unser Ding, aber uns hatte schließlich niemand gesagt, was für ein Superstar gesucht wird.

Im Rausch der Geschwindigkeit

Mit großen Schritten ging es nun für uns voran. Wir waren endlich bei den Spaziergängen selbstständig dabei und konnten unsere Eltern an unser Tempo gewöhnen. Dabei legten wir ganz schöne Entfernungen zurück. Und auf dem Spiel-

Wir wurden mobiler und unser Fuhrpark größer.

platz konnten wir zu den Spielgeräten gelangen, zu denen wir wollten. Langsam erhöhten wir unser Tempo. Aus Gehen wurde Laufen, aus Laufen wurde Rennen und so mancher von uns durfte seinen Geschwindigkeitsrausch auf dem Bobby-Car, dem Laufrad oder dem Dreirad austoben.

Klar, das war noch nicht so das „Highend" der Fortbewegung, aber wir waren immerhin stolze Besitzer unseres ersten eigenen Fahrzeugs. Und je schneller wir wurden, desto schneller verflogen die ersten Jahre. Bald war es so weit und die „Elternzeit" unserer Eltern ging zu Ende, sie mussten nun wieder ihrem „zweiten" Job nachgehen. Für uns hieß es ab jetzt entweder Kinderkrippe, Tagesmutter oder Großeltern. Jedes hatte seine Vorteile. In der Kindergruppe lernten wir neue Spielkameraden kennen, mit denen wir unsere eigene Welt gestalteten, während wir bei Oma und Opa Dinge tun durften, die selbst unsere Eltern nie hätten machen dürfen. Sie hatten so unendlich viel Geduld mit uns.

Auch das Reiten beherrschten wir schon.

D-Mark – Euro – Teuro

Manchmal findet man sie noch, jene Scheine und Münzen, mit denen unsere ersten Windeln bezahlt wurden. Hier ein kleiner grüner Schein als Lesezeichen, einige klimpernde Pfennige in der alten Spardose und im abgelaufenen Reisepass ein paar bunte Scheine aus Italien oder Spanien ... Und unsere Eltern bekommen noch immer einen sentimentalen Glanz in den Augen, wenn sie von der „guten, alten D-Mark-Zeit" sprechen. Die praktische neue Währung „Euro", einheitlich für insgesamt zwölf europäische Länder, gibt es bereits seit Januar 1999, zunächst jedoch nur als „Buch-

geld" für Überweisungen etc. (1 € = 1,95583 D-Mark). Dann, am 17. Dezember 2001, konnte, wer wollte, einen ersten Kontakt mit dem neuen Bargeld aufnehmen und sich bei der Bank für 20 DM eine Starter-Kit-Münzmischung (Wert 10,23 €) besorgen. Das zukünftige Geld wurde ab 2002 zum gesetzlichen Zahlungsmittel und mancher 2001er bekam als zukünftiger €-Ausgeber einen solchen Münzsatz zum ersten Geburtstag in die Wiege gelegt. Schönes neues Geld, doch der Euro wurde bald zum gefühlten „Teuro". Apropos Teuro, da gibt es doch dieses neue tolle Smartphone ...

Basteln, schleckern, Wasserspiele

Entdeckungsreise in den Kindergarten

Mit drei Jahren erreichten wir ein Alter, in dem wir die Welt auf unseren eigenen Füßen entdecken konnten. Und irgendwann lenkten uns unsere flotten Beinchen in den Kindergarten. Dort eröffnete sich uns eine völlig neue Welt, die wir emsig mit den ebenso neuen Freunden erkundeten. Einige von ihnen kennen wir sogar noch bis heute. Meist brachten uns unsere Eltern oder Großeltern, manchmal auch andere Familienmitglieder dort hin. Auch wenn wir uns vielleicht nicht mehr so recht daran erinnern können, einige von uns hatten anfangs so gar keine Lust, im Kindergarten zu bleiben. Manche Kinder weinten sogar ganz fürchterlich, andere wiederum standen so lange winkend an der Tür, bis Mama oder Papa um die Ecke verschwunden war. Doch nach einiger Zeit war der schlimmste Trennungsschmerz überwunden. Es gab ja auch

Chronik

1. Mai 2004
Die Länder Estland, Lettland, Litauen, Malta, Polen, Slowakei, Slowenien, Tschechische Republik, Ungarn und die Republik Malta werden Mitglieder der Europäischen Union.

2. September 2004
Beim Brand der Herzogin Anna Amalia Bibliothek in Weimar wird einzigartiges Kulturgut zerstört.

26. Dezember 2004
Ein schweres Erdbeben löst eine gewaltige Flutwelle aus, die in den Küstengebieten von Indien und Südostasien etwa 230 000 Menschen tötet.

Februar 2005
Erstmals in der deutschen Nachkriegszeit steigt die Zahl der Arbeitslosen auf über fünf Millionen.

2. April 2005
Der Tod von Papst Johannes Paul II. löst weltweit Trauer aus.

19. April 2005
Die Wahl von Kardinal Ratzinger zum Papst sorgt in Deutschland für eine „Wir sind Papst!"-Euphorie.

29./30. August 2005
Hurrikan Katrina richtet im Süden der USA schwere Verwüstungen an, u.a. wird New Orleans überschwemmt.

23. August 2006
Die Flucht der 18-jährigen Natascha Kampusch aus achtjähriger Gefangenschaft sorgt für ein weltweites Medienecho.

9. Oktober 2006
Nordkorea testet erfolgreich seine erste Atombombe.

9. Juni – 9. Juli 2006
Die Fußballweltmeisterschaft wird in Deutschland ausgetragen. Italien wird Weltmeister, die deutsche Elf belegt den dritten Platz.

4. November 2006
Bei einem weitreichenden Stromausfall in Westeuropa sitzen mehr als 10 Mio. Menschen im Dunkeln.

8. Dezember 2006
Die Wii-Konsole von Nintendo kommt auf den Markt.

Im Spielzimmer waren wir die Helden.

unendlich viel, was uns der Kindergarten zu bieten hatte. Wir machten Wanderungen, es wurde getobt, gemalt und gebastelt, vorgelesen und natürlich viel gesungen. Mit fortgeschrittener Zeit lernten wir das Zählen und unseren Namen zu schreiben. Ganz schön spannend war es für uns natürlich auch, dass wir nun Selbstgebasteltes an unsere Eltern verschenken konnten. Und so bastelten wir mit großem Fleiß und viel Mühe die Geschenke für Weihnachten und selbstverständlich für den Muttertag. Das Basteln an sich war ja gar nicht so schwierig, weil uns immer eine Erzieherin begleitete und

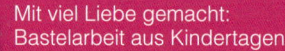

uns half, wenn das mit dem Ausschneiden und Kleben mal wieder nicht ganz so gut ging, wie wir wollten. Viel schwieriger war es, den Mund zu halten und nichts über das Geschenk zu verraten. Meist waren unsere Eltern so stolz auf unser Bastel-, Mal- und Klebegeschick, dass unsere kleinen Kunstwerke überall in der Wohnung aufgestellt oder -gehängt wurden. Und wenn Besuch kam, dann wurden unsere Meisterwerke jedem gezeigt, egal, ob er sie sehen wollte oder nicht. Der absolute Höhepunkt unserer Kindergartenbastelei war natürlich die bunte Laterne, die dann mit allen anderen Kindern gemeinsam – Rabimmel, Rabammel, Rabumm – am Sankt-Martins-Tag durch die dunklen Straßen spazieren getragen wurde. Doch das wirklich Aufregendste an unserem Kindergartenleben war, dass wir irgendwann zum ersten Mal woanders ohne Eltern übernachten durften. Das war so spannend, dass kaum einer von uns richtig schlafen konnte. Und unsere Erzieher, die waren am nächsten Tag fix und fertig.

Ureinwohner im Netzwerk-Dschungel

Wenn sich jemand mit allem, was das Internet mit seinen sozialen Medien zu bieten hat, auskennt, dann sind wir es: echte „Digital Natives". Seit etwa 2003 hatte sich das eher passive Internet zum sogenannten „Web 2.0", dem „Social Web", entwickelt. Das „neue" Netz war durch sein vielfältiges, interaktives Angebot auf eine neue Evolutionsstufe gehoben worden, sodass man die Inhalte selber erstellen, bearbeiten und verteilen kann. So gründeten sich kurz nach unserer Geburt facebook (2004), YouTube (2005) und Twitter (2006), die mit uns heran-

wuchsen und uns zu „Ureinwohnern im Netzwerk-Dschungel" werden ließen. Ja, wir sind die Generation Z. Für uns ist die digitale Welt weder Raketentechnik noch Paralleluniversum, sondern sie gehört seit unserer Geburt dazu und wir steuern diese unsere Welt mit Tablet und Smartphone. Und wenn unsere Eltern noch immer glauben, dass wir sozial verkümmern, weil wir lieber bloggen und podcasten als vor dem Fernseher zu sitzen, dann sollte ihnen mal jemand sagen, dass Social Media längst auch an Hochschulen gelehrt wird. „Anything goes!"

Oh du spannende Weihnachtszeit

Auf Weihnachten waren wir immer ganz gespannt. Wir glaubten ja noch an den Weihnachtsmann oder das Christkind. Und wer wollte ihm denn in unserem Alter nicht gerne mal begegnen? Je näher die Weihnachtsfeiertage heranrückten, umso länger wurden für uns die Tage. Als Trost für das lange Warten durften wir jeden Tag ein Türchen von unserem Adventskalender aufmachen, in dem ein leckeres Schokoladenstück auf uns wartete. Wenn es winterlich kalt draußen war, hieß es sich warm anziehen, und dann wurde viel mit dem Schlitten gefahren und gemeinsam mit den Geschwistern, Freunden oder Nachbarskindern ein Schneemann gebaut, der freilich der größte und schönste in der ganzen Straße sein musste – und natürlich auch war. Einige von uns sind mit ihren Eltern über Weihnachten in den Skiurlaub gefahren, wo wir lernten, mit Skiern und Stöcken umzugehen. Wir machten ziemlich schnell Fortschritte und manche waren so gut, dass sie sogar schon an Wettbewerben teilgenommen haben.

   Als es auf den 24. zuging, wurde endlich der Tannenbaum geschmückt, und zwar so prachtvoll, dass wir aus dem Staunen nicht mehr herauskamen, wenn wir schließlich davorstanden und vor allem die vielen Päckchen darunter entdeckten.

Wo bleibt nur der Weihnachtsmann?

Advent, Advent,
was da wohl hängt?

Doch vor der Bescherung wurde erst mal ausgiebig gegessen, viel zu ausgiebig, wie wir fanden, denn bis wir schließlich zu den Geschenken durften, saßen wir meist schon ganz hibbelig auf unseren Stühlen. Aber dann, was für eine Aufregung! Ob denn wohl unser größter Wunsch in Erfüllung gehen würde? Das war zwar nicht immer der Fall, aber am Ende zeigten wir meist mit einem strahlenden Lächeln und funkelnden Augen, wie glücklich wir waren.

Oma und Opa sind die Besten – und immer mit viel Sahne.

Verwandtschaftsglück

Genau so aufregend wie Weihnachten war auch Ostern. Zumindest fast, denn dann wurde fleißig im Garten oder im Haus nach Eiern und Süßigkeiten gesucht. Manchmal verschätzten sich unsere Eltern dabei und versteckten das eine oder andere Osterei ein wenig zu gut oder etwas zu hoch, sodass wir es gar nicht sehen konnten. Trotzdem war unser Körbchen rasch mit vielen bunten Eiern gefüllt, die wir ganz stolz vorzeigten.

Und weil Ostern und Weihnachten ja in den Ferien lagen, ging es oft zu den Großeltern, bei denen wir ebenfalls viele spannende Sachen erlebten. Dort wurde gebacken und mit den anderen Verwandten ein Spaziergang gemacht, was manchmal für uns langweilig und auch anstrengend war. Wenn wir keine Lust mehr hatten zu laufen, wurden wir kurzerhand getragen – meist auf den Schultern, von wo aus man die beste Übersicht hatte – und fühlten

Auf Ausflügen und Wanderungen gab es viel zu entdecken.

uns dabei wie die Könige. So erkundeten wir, während sich die Großen dort unten über Dinge unterhielten, die wir nicht verstanden oder für unwichtig hielten, die Welt von oben. Waren wir auf unseren eigenen Beinen unterwegs, wollten wir natürlich alles anfassen oder sogar in den Mund nehmen. Und weil das nicht immer eine so richtig gute Idee war, hatten unsere Aufpasser auch beim Spaziergang keine wirkliche Ruhe.

„Bundeskanzlerinmerkel"

Die Sache mit der Demokratie haben wir längst begriffen, aber für uns 2001er hat die Politik eigentlich nur ein Gesicht: „Bundeskanzlerinmerkel", also Frau Bundeskanzlerin Doktor Angela Dorothea Merkel. Für uns war sie schon immer da. Als wir geboren wurden als Bundesvorsitzende der CDU (2000), als wir laufen lernten übernahm sie den Bundeskanzlerposten (2005) und hat uns und unser Land seither durch so manch schwierige Lage manövriert. Zugegeben, so wirklich haben wir uns noch nicht für Politik interessiert. Aber trotzdem finden wir es ziemlich klasse, dass die Chefin unseres Landes sich nur selten aufregt und trotzdem schon viel verändert hat. Außerdem gehört die mächtigste Frau der Welt als „Angie" oder „Mutti" ja schon fast zur Familie.

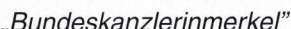
Bei Oma und Opa durften wir (fast) alles.

Unsere armen Eltern

Unsere Eltern – ja, wir geben es gerne zu – haben dank uns nie wirklich ihre Ruhe gehabt, außer vielleicht, wenn wir nach einem langen und anstrengenden Tag richtig tief und fest schliefen.
Vielleicht waren sie ja auch genau deshalb gerne bereit, uns immer mal wieder für ein Wochenende bei den Großeltern abzugeben, auch auf die

4. bis 6. Lebensjahr

Gefahr hin, dass wir dort wahrscheinlich viel zu sehr verwöhnt würden. Aber zu ihrem (und unserem) Glück gab es in den meisten Familien diese viereckigen Geräte, auf denen wir Kinderfilme und Serien schauen konnten. Dann waren wir natürlich mucksmäuschenstill und ließen uns kaum ablenken. Besonders bei unseren Lieblingsserien, wie zum Beispiel „Benjamin Blümchen" oder „Bibi Blocksberg". Wir hätten stundenlang – ganz still und brav – vor dem Fernseher sitzen können, aber das war den Eltern ja auch wieder nicht recht. Ja genau, wir Kinder hatten es nämlich auch nicht immer leicht mit ihnen …

Oft blieb es nicht nur bei der Serie selbst, denn es gab meist viele Fanartikel zu den Serien zu kaufen, etwa einen Rucksack, eine Kappe oder ein Handtuch von den Hauptcharakteren. Natürlich wollten wir die haben, am liebsten alle. Das eine oder andere Ding bekamen wir dann tatsächlich und liebten es heiß und innig, fast genauso wie die Serienfigur selbst. Groß waren das Drama und die Trauer, wenn es kaputt oder verloren ging. Um uns zu beruhigen, mussten sich unsere Eltern natürlich etwas einfallen lassen. Zum Beispiel einen Besuch im Zoo. Dass es so viele unterschiedliche Tiere gab! So unterschiedlich, dass wir uns vor ihnen fürchteten oder einfach nur beeindruckt waren. Den Affen schauten wir bei ihren Albereien zu, den Löwen, wie sie meistens auf der faulen Haut lagen, aber auch Schlangen und Spinnen beobachteten wir gerne, auch wenn sie uns doch ein wenig erschaudern ließen. Einige von uns waren sogar so mutig und ließen sie sich auf die Hand setzen oder um die Schulter legen. Doch ob gruselig, ekelig, lustig oder beeindruckend, auf jeden Fall war ein Zoobesuch immer ein spannender Tag. Und weil er auch für unsere Eltern stets unterhaltsam war, gibt es meist noch jede Menge Fotos davon …

Wenn die Lieblingsserie lief, wurde es mucksmäuschenstill.

Unsere Lieblingselemente:
Wasser und Sand.

Sommer, Sonne, blaue Lippen

Wir 2001er fanden nahezu alles spannend und waren wild darauf vieles kennenzulernen. Selbst die dunkle Winterzeit fanden wir toll, vor allem, wenn es Schnee gab. Aber die tollste Jahreszeit war natürlich der Sommer. Sooft es ging, waren wir draußen. Nur das mit dem permanenten Eincremen wurde auf Dauer richtig nervig. Das müsse aber sein, meinten unsere Mütter. Und wer je einen Sonnenbrand bekommen hat, der weiß bis heute: Mütter haben meistens recht.

Unabdingbar war das Eincremen natürlich im Freibad oder am Badesee, wohin wir nun häufiger mit unseren Eltern einen Ausflug unternahmen. Es war nämlich an der Zeit, dass wir schwimmen lernten. Das war für die meisten echt anstrengend und für

4. bis 6. Lebensjahr

Spaß im Freizeitpark und
auf dem Trampolin.

manche eine Überwindung. Aber irgendwie klappte es am Ende. Nach zahllo-
sen Versuchen, vielen vergossenen Tränen und ebenso viel verschlucktem
Wasser konnten wir uns alleine über Wasser halten und waren schon dabei,
das Tauchen auszuprobieren. Spätestens jetzt bekamen uns unsere Eltern nur
noch unter Protest aus dem Wasser. Und so verbrachten wir viele Sommertage
in irgendeinem Freibad und holten uns blaue Lippen und rote Augen. Manche
Eltern nahmen uns Kinder mit an einen Badesee, oder wir fuhren in den Ferien
ans Meer. Das war noch mal ein ganz anderes Erlebnis. So richtig in der Natur
zu schwimmen, ohne gefliese Flächen und Chlorwasser, war immer eine
spezielle Erfahrung, besonders dann, wenn ein riesengroßer Fisch unseren
Schwimmweg kreuzte. Erst kam Panik auf, aber später erzählte man stolz und
vielleicht sogar ein wenig angeberisch seine Geschichte. Manche von uns
lernten nun auch mal den einen oder anderen Freizeitpark kennen. Highlights
waren das Reiten auf einem richtigen Pferd, das Trampolinspringen oder das
Fahren mit einem Auto oder einem Karussell. Aber Baden, Tauchen und im
Wasser toben, das war wohl das Beste in diesen Sommertagen.

Und plötzlich Schluss

Nicht immer war alles so superschön im Kindergarten, denn dort machten wir schließlich auch unsere ersten großen Erfahrungen mit Streitereien. Wie es bei den Mädchen so üblich war, wurde geschubst, gekratzt und gezickt, während es bei den Jungs, naja, manchmal etwas heftiger zur Sache ging. Doch am Schluss waren alle wieder, über kurz oder lang gute Freunde. Manch einer von uns verbindet eine wunderschöne Zeit mit dem Kindergarten, andere eher weniger und wieder andere können sich an die Zeit noch nicht mal mehr richtig erinnern. Sie verging ja auch wirklich schnell. Und schon mussten wir uns mit unseren Eltern Gedanken über die Schule machen. Es kam uns vor, als würde man uns plötzlich aus dem Kindergarten rauswerfen. Eigentlich wären wir noch gerne ein wenig mit unseren Freunden bei all den tollen Spielen, Basteleien, Liedern, Malereien geblieben, aber uns wurde versprochen, dass es in der Schule noch viel mehr tolle Dinge zu entdecken und erlernen gäbe. Und das wollten wir natürlich auch nicht verpassen.

Die Piraten auf der Suche nach dem Geburtstagsschatz.

Riesige Schritte

Während der Kindergarten und die bevorstehende Einschulung für uns Kinder ziemlich große Schritte bedeuteten, erlebte die Gesellschaft in diesen Jahren ebenfalls einige „riesige Schritte", die wir 2001er jedoch als völlige Normalität kennenlernten: „facebook" wurde geboren (2004) und machte die Welt nahezu grenzenlos, Angela Merkel wurde Bundeskanzlerin (2005) und zeigte der Welt, wie

Das Wichtigste beim Kinobesuch:
erst Eis, dann Popcorn.

mächtig Frauen sein können, und schließlich richtete Deutschland die Fußball-weltmeisterschaft aus (2006) und zeigte der ganzen Welt, wie man auch ohne Titel richtig toll feiern kann.

Einen weiteren „riesigen Schritt", so kam er uns zumindest vor, erlebten wir jährlich und empfanden ihn jedes Mal als etwas ganz Besonderes: unseren Geburtstag. Erst wurde mit der Familie gefeiert und dann, meist an einem anderen Tag, mit allen Freunden, von denen wir sehr viele hatten. Sobald die Freunde da waren, gab es für uns viel Spaß und Action und jede Menge Arbeit für unsere Eltern. Es wurde natürlich der Lieblingskuchen aufgetischt und oft hatten die Eltern eine Schatzsuche oder Schnitzeljagd organisiert. Natürlich mussten unsere Eltern gerade bei den ersten Feiern sehr darauf achten, dass bei dem Gewusel niemand verloren ging und aus der Schatzsuche eine Kindersuche würde.

Und zum Schluss gab's natürlich Pommes.

Auf jeden Fall hatten wir an jedem Geburtstag viel Spaß und wollten eigentlich nicht, dass er je endet. Nach dem ganzen Spektakel aus Singen, Suchen und Süßigkeiten bekam jedes Kind noch eine selbst gefüllte Tüte von der Mutter, in der kleine Naschereien und Überraschungen steckten. Nun war die Feier für uns vorbei. Ausruhen war bei unseren Eltern jedoch noch lange nicht angesagt, denn das ganze Zeug, das wir mit vereinten Kräften überall in der Wohnung oder im Garten verteilt hatten, musste schließlich wieder zurückgeräumt werden. Doch in den meisten Fällen haben wir das gar nicht mitbekommen, sondern lagen erschöpft im Bett oder spielten noch heimlich mit unseren Geschenken. Und am nächsten Tag – das war auch ein Geschenk – ging es zum ersten Mal ins Kino.

„The winner is Deutschland"

Als der Fifa-Präsident ein Jahr vor unserer Ankunft verkündete: „The winner is Deutschland", war entschieden, dass die Fußball WM 2006 in unserer Heimat stattfinden würde, wenn wir etwa fünf Jahre alt wären. Natürlich war nicht jeder 2001er ein Fußballfan, aber trotzdem sorgten Klinsmann, Ballack & Co. für einen Sommer, den auch wir nicht so schnell vergessen sollten. Jedes Spiel „unserer" Mannschaft wurde zu einem Volksfest. Entweder man traf sich beim Nachbarn, der sich extra diesen riesengroßen Flachbildfernseher gegönnt und im Vorgarten die deutsche Flagge gehisst hatte, oder wir zogen auf den Schultern unserer Väter mit Millionen anderer Familien, Freunden und Nachbarn auf die Fan-Meile zum „Rudelgucken". Die deutsche Elf war phänomenal und schaffte vom Eröffnungsspiel weg fünf Siege in Folge – Rekord! Erst im Halbfinale war Endstation. Doch nach dem 3:1-Sieg gegen Portugal im Spiel um Platz

Das Sommermärchen machte uns zu echten Fußballfans.

drei wurde sie wie ein Weltmeister gefeiert. Die tolle Mannschaft und die Begeisterung der Bevölkerung zusammen mit den Fans aus aller Welt machte die WM 2006 in unserem fünften Jahr wahrlich zu einem Sommermärchen.

Zwischen Lernen und Lachen, Zicken und Zocken

Der Rummel am ersten Schultag war ganz schön aufregend.

Wir lernen los

Den nigelnagelneuen Ranzen in knalligen Farben geschultert und in den Armen eine riesige Schultüte – so standen wir eines Sommertages mit vielen anderen Kindern vor dem Gebäude, in dem wir demnächst sehr viel Zeit verbringen sollten. Gefragt, ob wir das überhaupt wollten, wurden wir natürlich nicht. Einige der älteren Kinder hatten uns erzählt, wie stressig und doof das mit der Schule sein konnte, weshalb manche von uns mit einem eher mulmigen

Chronik

9. Januar 2007
Steve Jobs stellt das iPhone vor.

7. – 8. Juli 2007
Auf allen sieben Kontinenten findet das „Live Earth Konzert" statt, die größte Benefiz- und Musikveranstaltung der Geschichte.

2008
Eine Finanzkrise führt in den USA und Europa zur Insolvenz zahlreicher Banken.

24. Februar 2009
Gründung des Instant-Messaging-Dienstes „WhatsApp".

3. März 2009
Ausgelöst durch den Bau der Stadtbahn stürzt das Historische Archiv der Stadt Köln ein.

11. März 2009
Bei einem Amoklauf an einer Realschule in Winnenden tötet ein ehemaliger Schüler 15 Menschen.

12. Januar 2010
Bei einem Erdbeben auf Haiti sterben etwa 220 000 Menschen, über eine Million werden obdachlos.

3. Februar 2010
Der Haushalt Griechenlands wird unter die Kontrolle der EU gestellt.

20. April 2010
Explosion der Bohrinsel „Deepwater Horizon" im Golf von Mexiko.

29. Mai 2010
Mit dem Titel „Satellite" gewinnt Lena Meyer-Landrut den Eurovision Song Contest in Oslo.

24. Juni 2010
Bei einer Panik während der Love-Parade in Duisburg sterben 21 Menschen, über 500 werden verletzt.

19. August 2010
Die letzten amerikanischen Kampftruppen verlassen den Irak.

13. Oktober 2010
Das „Wunder von Chile": 33 verschüttete Bergarbeiter können nach 69 Tagen gerettet werden.

Gefühl ihren ersten Schultag erlebten. Aber dafür wurde ja wohl die Schultüte erfunden, die jeder von uns stolz vor sich her trug. Und das Tollste war, dass sich einige unserer Eltern sogar echte Mühe gemacht und die Tüte selbst gebastelt hatten. Gut, bei manchen sah man, dass es mit dem Basteltalent nicht so weit her war …

Die meisten von uns wollten jetzt endlich richtig lesen und schreiben lernen. Selber lesen, statt sich die Gutenachtgeschichten nur anzuhören, war die Devise. Wir waren alle ziemlich gespannt, was da nun auf uns zukommen würde. Und was da wohl in der Schultüte versteckt war? Aber vorerst blieben wir nahe bei unseren Eltern, denn man konnte ja nie wissen …

Alles begann mit einem Gottesdienst und einer Willkommensfeier, bei der uns die älteren Grundschüler vorführten, was sie schon alles gelernt hatten. Anschließend mussten wir uns – nochmals gestriegelt und zurechtgezupft – aufstellen, damit das obligatorische Einschulungsfoto gemacht werden

konnte. Da konnte es schon zu einem richtigen Durcheinander kommen, sodass sich der eine oder andere ein wenig verloren vorkam und die eine oder andere Träne kullerte. Naja, auf jeden Fall war es ziemlich aufregend, auch wenn sich wohl keiner mehr so ganz genau erinnern kann. Dann wurden wir in die verschiedenen Klassen sortiert und bekamen von unseren Abc-Schützen-Kollegen und den Lehrern einen ersten Eindruck. Da sollten wir jetzt jeden Tag hin? Echt? Irgendwie würden wir uns schon daran gewöhnen, meinten die Eltern. Und tatsächlich, nachdem sich die erste Aufregung gelegt hatte, lernten wir los und hatten bald ziemlich viel Spaß daran, jeden Tag etwas Neues zu kennenzulernen. Der erste Schultag war wirklich abenteuerlich. Aber spätestens, als wir die Schultüte mit all den Süßigkeiten, kleinen Spielsachen und neuen Stiften plündern durften, hatten wir es überstanden. Das war also Schule, und irgendwie fühlten wir uns in diesem Moment schon so richtig groß.

Zicken, rangeln und Projekte

Nach einiger Zeit merkten wir, dass Schule tatsächlich stressiger war als gedacht und das Lernen immer anstrengender wurde. Die Hausaufgaben türmten sich zu Bergen auf, natürlich besonders die, die wir nicht gerne machten. Und dann auch noch diese blöden Tests, für die man stundenlang büffeln musste. Manche Sachen wollten einfach nicht im Kopf bleiben. Außerdem gab es daheim sehr viel wichtigere Sachen zu tun. Aber spätestens, wenn man den ersten Test so richtig verhauen hatte, sodass es echt peinlich war, damit nach Hause zu kommen, merkten wir, dass sich ein wenig Anstrengung durchaus lohnen könnte – auch wegen der Belohnung, die es manchmal für gute Noten gab. Wer erinnert sich nicht an das Gefühl, wenn der Kopf wortwörtlich anfing zu rauchen?

Aber das Lernen war ja nicht das Einzige. Auch das Rumgezicke der Mädchen untereinander wurde nicht weniger und die Rangeleien zwischen den Jungs heftiger. Die Streitereien waren manchmal schlimmer als im Kindergarten und man erlebte erstmalig das Gefühl, dass man jemanden ganz und gar nicht leiden kann. Die Grundschulzeit nur Friede, Freude, Ringelrein? Von wegen! Aber letztendlich haben wir auch aus den weniger schönen Erlebnissen eine Menge gelernt. Ja, wir lernten gerade außerhalb des Unterrichtes sehr viel, auch wenn uns das zunächst gar nicht so klar war. Natürlich gab es auch viele wunderschöne Momente, die wir mit unseren neuen Freunden erlebten. Dazu gehörten vor allem die Projekttage, an denen wir beim Basteln, Bauen und Toben die Wälder und Wiesen unsicher machten. So ein Klassenlagerfeuer mit Stockbrot, und schon war alles andere nur noch halb so schlimm, naja, nur noch ein viertel so schlimm.

Sägen, backen, Karneval:
in der Grundschule war immer etwas los.

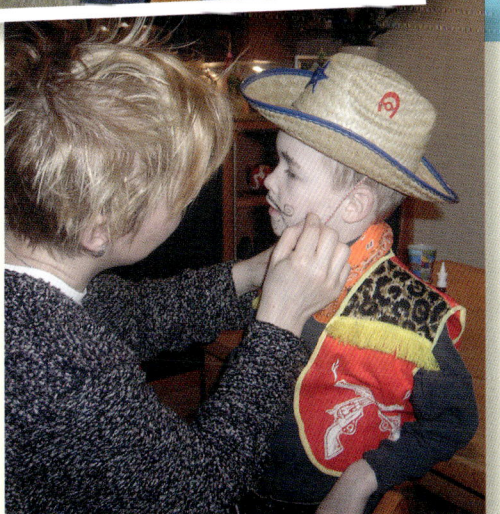

„Yes, we can!"

Wir 2001er hatten gerade unseren siebten Geburtstag gefeiert, als in der Weltpolitik ein neues Gesicht auftauchte, das sogar wir spannend fanden. Nicht, dass wir uns schon für Politik interessiert hätten, aber dieser neue mächtigste Mann der Welt wirkte einfach sympathisch. Jünger, cooler und lustiger als all die anderen langweiligen Politikergesichter. Mit dem Wahlslogan „Yes, we can!" gewann Barack Obama Ende 2008 die Wahl und wurde 2009 zum 44. amerikanischen Präsidenten vereidigt. Sicherlich konnte auch er nicht alle Probleme auf der Welt lösen, aber er strahlte – und das merkten auch wir – unglaublich viel Hoffnung aus, zumal er der erste Afroamerikaner auf dem Präsidentensessel war. Sogar hier in Deutschland freuten sich die Menschen über seine Wahl und feierten ihn wie einen Popstar, wenn er unser Land besuchte. Für uns war es natürlich interessant, dass seine zwei Töchter mit ins Weiße Haus einzogen, zumal Sasha Obama eine Jahrgangskollegin von uns 2001ern ist. Was die alles erleben durfte, wo die schon überall war … da konnte man neidisch werden, vor allem auf ihren „Bo", diesen schwarz-weißen „First Dog". 2017 musste Obama sein Amt an Donald Trump abgeben, aber der Neue hat ja nicht mal einen Hund.

Erstmals weit weg

Irgendwann in dieser Zeit fand eine der ersten Klassenfahrten statt, die uns später heilig wurden, weil man dem Unterricht entfliehen konnte. Okay, vielleicht war es für manche nicht ganz so toll, weil sie Heimweh hatten, aber das verging doch ziemlich schnell, da wir unsere Eltern ja anrufen konnten. Vor allem aber war es sehr spannend, einmal weit weg von daheim zu übernachten, mit den besten Schulfreunden auf einem Zimmer. Egal, wohin die Fahrt auch ging, es wurde immer viel unternommen, gespielt und gewandert. Manchmal gingen wir auch auf eigene Faust auf Entdeckungstour. Und immer fanden sich ganz besondere Orte und Verstecke, die wir streng geheim hielten. Natürlich flossen auf den ersten Fahrten auch Tränen, weil immer etwas passierte: die Beule am Kopf, der vergessene Rucksack oder der verlorene Geldbeutel …, auch wenn es meistens nur Kleinigkeiten waren.

Highlight jeder Klassenfahrt war die Nachtwanderung. Am späten Abend mit Taschenlampen durch die Gegend laufen, das durften wir schließlich zu Hause nicht. War das aufregend, besonders, wenn es dazu noch ein paar Gruselgeschichten gab, die uns bis unter die Bettdecke verfolgten. Da musste erst noch eine ganze Weile getuschelt und geflüstert werden, bevor uns die Müdigkeit übermannte.

Aber egal, wo es auch hinging – ob Museum, Zoo oder Wandertag –, das Wichtigste war stets, was uns unsere Eltern als Wegzehrung eingepackt hatten. Kaum hatte sich, nach dreimaligem Durchzählen, der Bus in Bewegung gesetzt, kamen all die bunten Getränkedosen und knisternden Tüten zum Vorschein, die dafür sorgten, dass wir auch auf dieser Expedition nicht als Hungerhaken endeten.

Ob im Rudel oder allein, „zocken" konnten wir stundenlang.

Viel zu machen, viel zu tun

Wenn wir uns heute an die Grundschulzeit erinnern, dann fällt auf, dass wir trotz des „stressigen" Schulalltages noch richtig viel Zeit hatten. Wir hatten so viel Zeit, dass man sich auch für Dinge Zeit nahm, über die wir heute nur noch verschämt den Kopf schütteln können. Tatsächlich soll es Mädchen gegeben haben, die gemeinsam vor dem Spiegel „I'm a Barbie girl in a Barbie world …" gesungen haben. Genau, dieses „gequäkte"

Euro-Dance-Liedchen, mit dem die Gruppe Aqua berühmt wurde. Und dazu wurde natürlich nach dem Video-Vorbild getanzt. Das konnte stundenlang gehen – klar, wir hatten die Zeit und die Ausdauer – bis den Eltern die Ohren glühten und sie uns zum Spielen vor die Tür schickten. „Life in plastic, it's fantastic …", oh nee, wie peinlich. Und deshalb ist es ganz gut, dass solche Anwandlungen mehr oder weniger ein Geheimnis bleiben, zumindest bis jetzt. Wer sich nicht der Sangeskunst hingab und auch nicht anderen Schrullen nachhing, der traf sich meist mit Freunden. Irgendwer hatte immer eine Idee für ein neues Spiel oder brandneuen Nachschub für den Gameboy. Auch damit konnten wir uns stundenlang beschäftigen. Dann verging die Zeit im Flug. Klar haben wir rumge-nörgelt, wenn wir diese Zeitfress-Geräte viel zu früh ausmachen sollten: „Nur noch dieses eine Level, Mama …" Wenn wir unsere Bildschirmspielzeit mal wieder „verzockt" hatten, dann konnte man mit den Freunden immer noch losziehen, um zu schauen, was auf der Baustelle in der Nachbarschaft los war, wie es dem neuen Hund von gegenüber ging oder ob man sich nicht im Freibad einen netten Sonnenbrand holen könnte. Ja, es war eine herrliche Zeit, auch wenn die Erinnerung an den Matheunterricht nicht bei jedem zu den schönsten gehört. Und immer waren wir ein klein wenig traurig, wenn der Nachmittag schon wieder rum war und wir nach Hause mussten. Aber halb so schlimm, denn am nächsten Tag trafen wir uns ja wieder, um noch ein wenig zu üben: „Hiya, Barbie! Hi, Ken! You wanna go for a ride?" Und wenn man jetzt noch den Eltern das Loch in der Hose erklären konnte, naja, und das mit dem blöden Mathetest …

Barbie, Bieber und Ballett

Wenn es mal ein wenig ruhiger zugehen sollte, dann spielten wir Lego, Playmobil oder Brett-spiele, blätterten durch unsere „Was ist was?"-Bücher oder versuchten uns als Zeichen-künstler. Die Mädchen hatten meist viele Schleichfiguren und

Auf der Judomatte, …

einige Barbie-Puppen oder Polly Pockets, mit denen sie sich endlos beschäftigten, ohne dass es langweilig wurde. Und wenn die gespielten Geschichten ein Ende fanden, dann fing man einfach mit einer neuen an, vielleicht die letzte Episode aus der Lieblingsfernsehserie oder aus dem Pferdebuch vom letzten Geburtstag. An Fantasie hat es uns nie gemangelt. Und die Jungs spielten am liebsten – na was denn sonst? – mit Autos und Rennbahnen. Aber auch bei ihnen waren Schleichtiere beliebt. Klar gab es Ausnahmefälle, also Jungs, die ebenfalls mit den Puppen der Schwester spielten. Kein Problem, mehr wird hier auch nicht verraten! Außerdem besaßen auch die Jungs jede Menge Plastikfiguren, meist Ritter und Piraten, Raubkatzen, furchteinflößende Dinos, mit denen sie mit Fauchen und Brüllen möglichst gefährliche Szenen darstellten. Nebenher lief eine CD oder manchmal das Radio, denn es gab sogar Programme wie Radio Teddy, die ganz speziell für uns Kinder gesendet wurden. Die Musik kam z. B. von Rihanna, Beyonce, Maroon 5 und natürlich vom absoluten und berühmtesten Tenniestar: Justin Bieber, der in dieser Zeit seinen großen Durchbruch hatte. Sehr viele Mädchen schwärmten für ihn und hängten sich ihre Zimmer mit Postern voll. Was es nicht alles gab: CDs, Uhren, Shirts und vieles mehr – Hauptsache Justin war drauf. Naja, es gab auch Mädchen – und fast alle Jungs –, die ihn nicht so besonders toll fanden.

Wenn wir nicht von Justin träumten oder Dinos kämpfen ließen, hatten die meisten noch ein „richtiges" Hobby. Bei den Mädchen war es häufig Turnen, Ballett oder Reiten, während die Jungen oft eine Ballsportart ausübten oder einen

… oder in der Reithalle: Wir waren stets voller Begeisterung dabei.

Kampfsport, weil sie den Action-Stars im Film nacheifern wollten. Jedem das Seine. Auf jeden Fall konnten wir uns schnell für vieles begeistern und waren stolz, wenn wir etwas dazugelernt, ein Match gewonnen hatten oder sogar eine Auszeichnung mit nach Hause brachten.

Der Moonwalker

Als wir etwa acht Jahre alt waren, hatten die meisten von uns ihre „Schni-schna-schnappi"-Phase überwunden. Wir trällerten lieber mit Justin Bieber, der 2009 gerade berühmt wurde. Uns waren Namen wie Lady Gaga oder Beyoncé lange vor unseren Eltern bekannt und auch die Lieder von Silbermond oder Sportfreunde Stiller kannten wir ganz gut. Natürlich war das, was unsere Eltern gerne hörten nicht unbedingt unser Geschmack, aber den einen, den kannten auch wir: Michael Jackson. Seine Superhits wie „Beat It", „Thriller" und „Billie Jean" liefen oft im Radio, sodass wir sie fast auswendig kannten.

Einzigartig auch sein Tanzstil, der Moonwalk.

Er war der wohl bekannteste, erfolgreichste und einflussreichste Musiker des letzten Jahrhunderts. Doch dann überschatteten Vorwürfe wegen Kindesmissbrauch, Tablettensucht und horrende Schulden seinen Erfolg und er zog sich immer mehr in seine Traumwelt auf der „Neverland-Ranch" zurück, wo er im Juni 2009 an einer Medikamentenvergiftung starb. Er war der „King of Pop", schlief unter einem Sauerstoffzelt und sein bester Freund war ein kleiner Affe. Ganz schön traurig, aber seine Musik, die mögen wir noch immer.

Gut behelmt eroberten wir die Welt.

Alles muss rollen

Eines schönen Tages hieß es in der Schule: Verkehrsunterricht. Natürlich konnten wir schon Fahrrad fahren, das hatten wir von den Eltern gelernt. Wer erinnert sich nicht an die Laufräder ohne Pedalen oder die Gefährte mit

Unser erstes „richtiges" Fahrrad war unser ganzer Stolz.

Stützrädern. Und dann die erste richtige Fahrt in der ruhigen Wohnstraße – so mit Anschieben, parkenden Autos, dem doofen Bordstein und, klar, einigen Blessuren. Und weil man durch Fehler lernt, vor allem die schmerzhaften, lernten wir ziemlich schnell. Nur wie das im echten Straßenverkehr funktionieren sollte …? Also erklärten uns Polizisten, wie man die Handzeichen zum Abbiegen macht und was es mit den vielen Schildern und Strichen auf der Straße auf sich hat. Nach einigen leichten Übungen ging es mitten hinein in den richtigen Verkehr. Na klar, nicht direkt auf die Hauptstraße, aber durchaus dorthin, wo hier und da mal ein Auto auftauchte. Mensch, was waren wir nervös, denn wir wollten wie immer alles richtig machen. Außerdem durften wir es uns mit den Verkehrserziehern in Uniform ja nicht verscherzen. Polizisten sollte man nicht verärgern, das wussten wir schon längst. Also haben wir geübt, geübt, geübt, bis es irgendwann hieß: Prüfung. Und weil es für die meisten von uns die erste richtige Prüfung im Leben war, waren wir schon wieder ziemlich aufgeregt. Da musste man sich wirklich schwer konzentrieren, um bei der praktischen Prüfung den Lenker ruhig zu halten. Beim schriftlichen Test kam es vor allem darauf an, ob man sich die Bedeutung der vielen Verkehrsschilder merken konnte. Am Ende war es gar nicht so schlimm und alle hielten schließlich den Fahrradführerschein in Händen. Wer besonders gut abgeschnitten hatte, bekam sogar eine kleine Fahne geschenkt, mit der man ein wenig angeben konnte. Natürlich waren wir stolz, auch wenn der Schein nie gebraucht wurde und wir die ganzen merkwürdigen Bedeutungen der Schilder bald wieder vergaßen.

Schnell unterwegs

Nun durften wir auch alleine, natürlich gut behelmt, den Wind im Gesicht spüren und stolz über Straßen, Waldwege oder Geländestrecken düsen. Allerdings waren wir nicht nur mit dem Fahrrad unterwegs, sondern eigentlich mit allem, was Räder hatte. Große Räder, kleine Rollen, nebeneinander, hintereinander, egal. Da gab es diese metallenen Scooter-Roller mit winzigen Rädern, wackelige Waveboards, die echt Übung erforderten, Rollerskates, Inliner, Fersenroller und natürlich Skateboards, Beachboards und Longboards. Hauptsache es rollte, und zwar schnell. Und weil wir keine Angst vor der Geschwindigkeit hatten, bekamen wir nicht nur säckeweise Ermahnungen mit auf den Weg, sondern auch eine komplette Schutzausrüstung verpasst. Gut, wir sahen meist aus wie kleine unbeholfene Wackel-Ritter, doch zumindest blieben ernsthafte Verletzungen aus. Aber wenn wir dann endlich den Dreh raus hatten, dann waren wir vor allem eines: echt schnell unterwegs.

Mit Inlinern über Wege und Straßen, mit dem Fahrrad über Stock und Stein: Hauptsache schnell.

Wir waren immer in Aktion, ob im Stadtpark oder auf dem Rummel, in der Spielhalle oder im Klettergarten.

Rummel und Action

Auch mit unseren Eltern verbrachten wir viele schöne Momente, wenn sie uns zeigen wollten, wie spannend es in der Welt zugeht. Klar, da waren die kleineren und größeren Urlaubsreisen, bei denen wir sonnige Strände kennenlernten und auf manche ermüdende Wander- oder Radtour mitmussten. Das war meist sehr anstrengend, aber dafür wurden wir mit hohen Gipfeln, schaurigen Höhlen und, das Beste, mit einer fetten Portion Pommes und Eis belohnt. Aber auch daheim gab es immer wieder Action. Manchmal war es nur der nahegelegene Stadtpark, der uns mit seinen Klettergerüsten lockte. Das Highlight war jedoch so ein richtiger Kletter- oder Freizeitpark, wo wir allerlei aufregende Dinge wie Seilrutschen und Autoscooter ausprobieren durften. Zugegeben, anfangs war uns der ganze Rummel mit den vielen, vielen Leuten, die alle durcheinanderwuselten, nicht ganz geheuer, aus Angst, die Eltern aus den Augen zu verlieren. Aber spätestens nach der ersten Alleinfahrt mit irgendeinem wilden Gefährt waren wir kaum noch zu halten.

7. bis 10. Lebensjahr

Erst Engelskleid, …

Ich glaube …

Die Erstkommunion war für die Katholiken unter uns ein wichtiges Ereignis in unserer Kindheit. Denn diese Zeremonie, bei der wir offiziell in die Kirche aufgenommen wurden, war nicht nur aufregend, sondern auch mühsam. An jenem besonderen Tag mussten wir ziemlich früh aufstehen, um uns zurechtzumachen. Dann ging es in die Kirche. Bei unserem Einzug in das Kirchenschiff trugen wir Kommunionskinder weiße Gewänder über unserer Kleidung, die einem Nachthemd ziemlich ähnlich sahen. Nun standen wir da, in weißen Engelshemdchen aufgereiht, und versuchten uns zu erinnern, was wir in den vergangenen Monaten über Taufe, Kirche und das Leben Jesu gelernt hatten, und waren ziemlich kribbelig. Verständlich, schließlich standen wir an diesem Tag im Mittelpunkt. Das Ganze dauerte echt lange und war bis ins Detail geplant und geübt worden. Und wenn wir jetzt vor der versammelten Verwandtschaft etwas falsch machen würden, wäre das ganz schön peinlich, nicht nur für uns. Erst recht, wenn man vor all den festlich gekleideten Leuten aus der Bibel vorlesen musste. Nach langen Stunden stehen, knien, wieder stehen, wieder knien und vorlesen, singen und gesegnet werden waren wir ziemlich fertig und echt froh, das Ganze überstanden zu haben. Anschließend folgte das feierliche Essen mit der Familie – nochmals brav sein, Danke

… dann die Geschenke.

sagen, das Kleid nicht mit Erdbeereis versauen, nicht im guten Anzug auf die Rutsche, beim Foto mit Tanten und Onkeln nett lächeln … Und dann, ja dann endlich gab es die Geschenke. Na, da hatte sich die ganze Lernerei und Aufregung doch wenigstens gelohnt, glaub' ich zumindest.

Neue Dimensionen

Im Dezember 2009 kam weltweit ein Film in die Kinos, der selbst die neuesten „Star Wars"-Folgen alt aussehen ließ und die technischen Maßstäbe des Kinos neu definierte. Mit dem Fantasy-Abenteuer „Avatar – Aufbruch nach Pandora" revolutionierte Regisseur James Cameron die Filmbranche. Ein völlig neu entwickeltes 3D-Aufnahmeverfahren und gewaltige Computerleistungen machten „Avatar" zu einem historischen Kino- und Sehereignis und katapultierten den Kinostreifen an die Spitze der erfolgreichsten Filme der Welt.

Und wenn der zweite Teil 2019 anläuft, dürfen wir ihn zum Glück alleine sehen … Wir bleiben neugierig.

Szene aus „Avatar" (2009)

Eine Sache der Gewöhnung: Sonnenbrand und beste Freunde

Abhängen erlaubt! Als Ausgleich zur Schule chillten wir mit unseren Buddys.

Schulprofis

Oft hörten wir, dass die Schule sozusagen unser Job wäre, auf den wir uns konzentrieren müssten. Jaja, nicht für die Schule, sondern für das Leben …

Diese und ähnliche Sprüche halfen nicht gerade weiter, wenn einem die Lehrer mal wieder richtig auf den Geist gingen. Besonders, als die Grundschule hinter uns lag und auf der neuen Schule alles von vorne begann: fremde Wege, fremde Klassenräume, unbekannte Lehrer und kaum bekannte Mitschüler. Alles eine Sache der Gewöhnung – schon wieder. Klar, die Eltern hatten

Chronik

Dezember 2010 – April 2011
Während des „Arabischen Frühlings" richten sich verschiedene Aufstände und Revolutionen im Nahen Osten und Nordafrika gegen die herrschenden Regime.

29. April 2011
Die Trauung von Prinz William und Catherine Middleton ist ein weltweites Medienereignis.

2. Mai 2011
US-Spezialtruppen töten den Terroristenanführer Osama bin Laden.

22. Juli 2011
In Norwegen sterben bei einem rechtsradikalen Anschlag auf Regierungsbeamte und ein Feriencamp 77 Menschen.

22. – 25. September 2011
Beim Besuch seines Heimatlandes Deutschland sorgt Papst Benedikt XVI. für Begeisterung.

31. Oktober 2011
Die Vereinten Nationen beziffern die Weltbevölkerung auf sieben Milliarden Menschen.

4. November 2011
Ein Bekennervideo der rechtsterroristischen Vereinigung NSU sorgt für Aufregung und zieht immer größere Kreise.

13. Januar 2012
Bei der Havarie des Kreuzfahrtschiffes Costa Concordia sterben 32 Menschen.

17. Februar 2012
Wegen einer Kredit- und Medienaffäre tritt Bundespräsident Christian Wulff zurück.

3. Oktober 2013
Vor Lampedusa im Mittelmeer kentert ein Flüchtlingsschiff: Mindestens 366 Menschen ertrinken.

Februar 2014
Der politische Konflikt zwischen Russland und der Ukraine spitzt sich zur bewaffneten Krim-Krise zu.

13. Juli 2014
Die deutsche Nationalelf gewinnt die Fußballweltmeisterschaft in Brasilien und holt damit ihren vierten Stern.

3. November 2014
In New York öffnet das „One World Trade Center" seine Pforten.

abermals leicht reden, während wir damit klarkommen mussten, dass wir gerade eben noch die Großen waren und – schwupps – wieder zu den Kleinen gehörten und von den anderen auch so behandelt wurden. Da saßen wir nun in einer völlig neuen Umgebung und freuten uns ab der ersten Minute der ersten Stunde nur auf eines: die Schlussklingel. Aber nach drei, vier Tagen hatte sich die größte Aufregung gelegt und wir fanden uns spielend zurecht, denn irgendwie waren wir ja schon Profis in Sachen Schule. Schon bald wussten wir, wie die verschiedenen Lehrer tickten und wie man dem Hausmeister aus dem Wege geht, wer die größten Angeber in der Klasse waren und mit wem man vielleicht Freundschaft schließen wollte. Wir lebten uns wirklich schnell in den neuen Alltag ein, während wir viele der alten Grundschulgefährten aus den Augen verloren. Gut war, dass uns die Lehrer nicht mehr wie Kleinkinder behandelten, aber dafür wurden der Lernstoff, die Hausaufgaben und sowieso alles immer anspruchsvoller. Besonders spannend fanden wir es, wenn es wieder einmal eine Vorführung gab, bei der Gedichte, Lieder oder Musikstücke vorgetragen wurden. Oder wenn die ganz Großen ein Theaterstück aufführten und dafür jede Menge Applaus ernteten. Da sah sich schon so mancher von uns selbst als neu entdeckter Hauptdarsteller der Theater-AG oder als Frontmann/-frau der Schulband.

Doch bis zu unserem garantiert großen Durchbruch bei „The Voice of Germany", „DSDS" oder „Das Supertalent" mussten erst noch Formeln verstanden, Grammatik geübt und jede Menge Vokabeln verinnerlicht werden. Und wenn das bei aller Bemühung nicht so einfach lief, dann hieß es „Nachhilfe". Hilfe! Schule außerhalb der Schule in einem Fach, das man nicht leiden kann … Fatal! Schule war ein echt harter Job, und aus dem konnten wir uns wohl nur mit einigermaßen guten Noten retten.

Fukushima – unser „Tschernobyl"

Wasser sparen, Müll trennen und „Der Letzte macht das Licht aus!" – das kennen wir aus Kindergarten, Schule und von zu Hause. Und natürlich wussten wir mit zehn Jahren schon, dass Strom nicht einfach aus der Steckdose kommt und auch, dass Umweltschutz schon bei uns selbst beginnt. Dosenpfand und Energiesparlampen sind daher für uns so selbstverständlich wie nur was. Aber wie gefährlich die Herstellung von Energie tatsächlich ist, ahnten wir nicht wirklich. Erst jene Bilder aus Japan, wo am 11. März 2011 nach Erdbeben und Tsunami das Kernkraftwerk Fukushima den atomaren Notfall ausrufen musste, wurde uns mehr als deutlich, welche Gefahren mit dem Strom aus der Steckdose zusammenhängen. In gleich drei Reaktoren kam es zur Kernschmelze, große Mengen radioaktiver Stoffe wurden freigesetzt und weite Gebiete mussten evakuiert werden. In der Schule und daheim erfuhren wir, dass dieser GAU nicht der erste war und man in einem Ort namens Tschernobyl auch nach über dreißig Jahren noch immer mit den Folgen zu kämpfen hat.

In Deutschland wurden nach der Katastrophe in Japan alle Reaktoren überprüft und die ältesten stillgelegt. Außerdem wurde der endgültige Atomausstieg bis 2022 beschlossen – bis dahin sollen also auch die letzten Reaktoren in Deutschland abgeschaltet werden.

Da können wir nur hoffen, dass das so lange gut geht. Und bis dahin gilt weiterhin: Der Letzte macht das Licht aus!

Eine Tsunami-Welle rollt auf das Kernkraftwerk Fukushima zu.

Fun und Action gab's im Schwimmbad.

Abgekühlt

Wenn man gerade nicht über seinen Hausaufgaben brütete oder im Klassenzimmer darauf hoffte, nicht an die Tafel zu müssen, dann unternahmen wir etwas mit den Freunden. Im Sommer hatten wir den meisten Spaß im Freibad. Oder wir trafen uns auf der Skate-Anlage und vollführten oder bewunderten coole Tricks, Slides und Grinds. Tja, und weil wir nun in ein Alter kamen, in dem wir uns auch für das andere Geschlecht interessierten, war das Ganze nicht nur spaßig, sondern auch äußerst, wir sagen mal, interessant. Meist waren es dann die Jungs, die ihre Coolness demonstrieren wollten, indem sie ganz nach oben auf den Sprungturm kletterten und dort ihre Faxen machten. Das war manchmal so waghalsig, dass es einem den Atem verschlug. Doch wir kannten uns ja aus. Gewagte Skateboardtricks, pfeilschnelle Achterbahnfahrten und rasante Flüge durch den Seilgarten, das beherrschten wir schließlich. Aber ganz ehrlich, so richtig waren uns die Gefahren nicht bewusst. Am Ende ging meist alles gut, abgesehen von verschrammten Schienbeinen und dem gewaltigen Bauchplatscher, den der Oberangeber hinlegte. Und der dämliche Sonnenbrand. Der tat erst echt weh, dann schälte sich die Haut ab wie bei einer Schlange und sorgte daher bisweilen auch noch für Spott. Diejenigen von uns, die eher ländlich wohnten, nutzten lieber die Naturseen zur Abkühlung, denen zwar die Sprungtürme fehlten, die dafür aber ohne Chemie auskamen. Oder man folgte mit seinen Freunden den kühlen Fluten eines Baches. Manchmal waren das echte Abenteuer, da man nicht wusste, was hinter der nächsten Windung lag. Und wenn mal jemand ausrutschte und in voller Montur im Wasser landete, war das Hallo groß. Kamen wir dann nach Hause, waren die Klamotten meist schon trocken und wir hatten wieder einen spannenden Tag erlebt.

„Früher" ist vorbei

Als erster Jahrgang des neuen Jahrtausends wurden wir in eine Zeit hineingeboren, in der sich die Technik so schnell entwickelte wie selten zuvor. Was für ein Glück. Denn was hätten wir nur bei echter Langeweile gemacht, wenn keiner das Smartphone, den Laptop oder Spielekonsolen wie die Wii, die Xbox oder die Playstation erfunden hätte? Die meisten von uns waren schon ziemlich früh ziemlich vertraut mit allem, was die Computertechnik hergab. Selbst unsere Eltern staunten nicht schlecht, wie fix und selbstverständlich wir mit den neuesten Errungenschaften klarkamen und wie festgenagelt wir vor großen und kleinen Bildschirmen hocken konnten. Irgendwann bekamen wir dann stets zu hören, dass sie „früher" ohne Internet auskommen mussten, es nur ganz wenige Computerspiele gab und dass Telefone an festen Strippen hingen. Und im Fernsehen gab es nur drei Programme … drei! Die schauen wir heute manchmal gleichzeitig! Aber da das „Früher" vorbei war, konnten wir uns ganz auf die digitalen Welten einlassen. Mit unendlicher Begeisterung tauchten wir in irrwitzige Rollenspiel-Universen wie „World of Warcraft" ein, schufen mit Simulationsprogrammen wie „Die Sims" neue Welten, ballerten in „Halo" oder „Resident Evil" als Ego-Shooter auf Monster, retteten ein ums andere Mal die Welt oder lieferten uns in „Live for Speed" oder „Grand Tourismo" heiße Autorennen und in der „FIFA"-Reihe zahllose Fußballspiele. Häufig ließ uns die schöne neue Computerwelt einfach die Zeit vergessen und dann brauchte es immer ein wenig Überzeugungskraft von den Eltern, um uns ans Hier und Jetzt zu erinnern. Ja, wir haben auch Bücher gelesen, Radtouren gemacht und uns draußen mit Freunden getroffen, aber den einen Level, den wollten wir unbedingt noch schaffen.

Beim „Daddeln" und „Zocken" vergaßen wir die Zeit.

Im Zeltlager erlebten wir echte Abenteuer.

Tolle Tage

Zu den tollsten Erlebnissen, die wir dann machten, gehörten natürlich die Jugendfreizeiten. Manchmal war es nur ein Wochenende, manchmal sogar eine ganze Woche, in der wir weit weg von zu Hause völlig neue Dinge erlebten. Gut, das war anfangs immer ziemlich merkwürdig, weil man sich auf so viele neue Sachen, Leute und vor allem Regeln einlassen musste. Auch und vor allem, wenn eine der Regeln die Abgabe von Smartphone, iPod und Laptop beinhaltete. Hätten wir das gewusst ... Aber wenn man dann mit den neuen Freunden die selbst gebaute Lagerfahne aufrichtete, gemeinsam am großen Lagerfeuer saß oder einfach nur die Gegend erkundete, dann mussten wir zu unserer eigenen Überraschung feststellen: Ein Leben ohne Computer und Smartphone ist – zumindest für eine paar Tage – möglich.

Edward Snowden bei einem Interview in Moskau 2017.

Edward, der „Pfeifenpuster"

2013 war unser Englisch noch nicht so wirklich dolle, aber „pusten" (blow) und „Pfeife" (whistle) kannten wir schon und wunderten uns daher, dass in allen Nachrichten plötzlich von einem „Pfeifenpuster", einem „Whistleblower", die Rede war. Der Mann, der gemeint war, sah mit seiner Brille eigentlich aus wie ein ganz normaler netter Lehrer, der bei uns vielleicht Deutsch oder Sport unterrichtet. Aber Edward Snowden war Mitarbeiter des US-Geheimdienstes und wurde nun auf der ganzen Welt gejagt. Er hatte das getan, was Geheimdienste nun mal gar nicht mögen, weil dann der geheime Dienst nicht mehr geheim ist: Er kopierte

Tausende „top secret"-Dokumente und machte öffentlich bekannt, dass es u. a. spezielle Programme zur totalen Überwachung des weltweiten Internetdatenverkehrs gibt. Snowden hatte es tatsächlich gewagt, die gehüteten Geheimnisse der Geheimdienste zu verpfeifen. Damit war der größte Überwachungsskandal der Geschichte perfekt. Seither wird Snowden als Amerikas Staatsfeind Nummer eins wegen Spionage gesucht. Er erhielt von Russland Asyl und lebt an einem unbekannten Ort. Und wir sollten uns fragen, wer wohl alles mitliest, wenn wir eine Whatsapp versenden, posten oder chatten.

Beste Freunde mit vier Pfoten

Manche von uns hatten das Glück, dass die Eltern echte Tierfreunde waren und man daher ganz selbstverständlich mit Samtpfoten oder Fellnasen aufwuchs. Aber bei den meisten war ein hartes Stück Arbeit notwendig, um die Eltern davon zu überzeugen, dass man alt genug sei, für ein eigenes Haustier Verantwortung

Manchmal sind Haustiere die besten Freunde.

zu übernehmen. Allerdings wurde aus dem erträumten Pony meist nur ein Meerschweinchen, für das wir nun regelmäßig Sorge tragen mussten. Tja, und meist behielten die Eltern doch recht, dass das Käfigsäubern wohl an ihnen hängen blieb … Aber bei dem ganzen Stress mit Schule, Freunden und Hobbys war das ja kein Wunder. Einigen ist es trotzdem gelungen, die Eltern zur Einsicht zu bringen, dass man schon sehr wohl sehr verantwortungsbewusst sein würde, wenn denn tatsächlich eine Katze oder ein Hund zur Familie gehören würde. Und so hatten einige 2001er irgendwann einen vierpfotigen treuen Freund an der Seite, um den man sich mit Hingabe kümmerte und der mit einem durch Dick und Dünn ging. Vielleicht waren sie sogar die besten Freunde von allen.

Die Jahre zieh'n ins Land

Auch die Geburtstage, die ins Land zogen, verliefen allmählich anders. Klar, wir waren immer noch ziemlich gespannt und fragten uns schon Tage vorher, ob man uns wohl geschenketechnisch erhört hatte. Die Feiern fanden inzwischen meist ohne den ganzen Verwandtschaftstrubel statt und für eine typische Kinderfeier mit Papier-Lampions, Schatzsuche und anderen Spielchen fühlten wir uns definitiv zu alt. Da wir – verantwortungsbewusst wie wir waren –

die Gästeliste kurz hielten, gab es jetzt andere Möglichkeiten. Vielleicht ging man zur Feier des Tages gemeinsam in den neuesten Kinofilm. Wenn wir schon zwölf Jahre alt waren, suchten wir uns natürlich nicht „Die Eiskönigin" (2013, ab 0) aus, sondern „Fack Ju Göhte" (2013, ab 12) oder eine der unendlichen Fortsetzungen von „Percy Jackson" oder den „Transformers". Natürlich mit dem XL-Popkorneimer und der Riesencola. Oder wir durften uns mit unseren Gästen in einem Vergnügungspark amüsieren. Gut, das kam nicht so häufig vor, aber man wird ja schließlich nur einmal dreizehn und damit ein echter Teenager. Auch Bowlingcenter, Soccerhallen oder Kletterparks waren noch beliebt. Bei einigen war es aber auch einfach so, dass sie sich den ganzen Feiertrubel sparten und einfach ihre Ruhe genossen – und die Geschenke.

Spaß mit Jogi's Eleven

Aber dann gab es doch noch einen Anlass, um gemeinsam zu feiern. Zugegeben, nicht jeder und jede ist im wahren Leben ein echter Fußballfan, doch als sich die deutsche Elf 2014 bei der Weltmeisterschaft in Brasilien von Sieg zu Sieg spielte, jubelten wir alle mit. Erst recht an jenem unvergessenen Dienstag, dem 8. Juli, als wir gemeinsam mit 32 Millionen anderen Deutschen vor den Fernsehgeräten hockten, um das Halbfinale zwischen Deutschland und Brasilien zu erleben. Man wollte es kaum glauben und kam aus dem Jubeln nicht mehr heraus, als „Jogi's Eleven" den „Brazuca" (so hieß der offizielle Ball) siebenmal in die gegnerischen Maschen kloppte und nur ein Tor kassieren musste. Die Brasilianer konnten einem schon fast ein bisschen leidtun. Am Ende, nachdem Jogis Jungs auch den Fußballgöttern aus Argentinien mit links (dem linken Fuß von Götze in der Verlängerung) gezeigt hatten, wo das „Fuleco" (das Gürteltier-Maskottchen) seinen

Fuleco: das Maskottchen der WM 2014.

Panzer hat, holte sich die deutsche Mannschaft den vierten WM-Stern. Das war fast wie Ostern und Weihnachten an einem Tag, nur ohne Geschenke, dafür mit vielen Freunden.

Eine Frage des Geschmacks?

Richtig, Geschmäcker können durchaus verschieden sein. Aber die Geschmäcker unserer Eltern waren irgendwann immer so … anders. Hallo, wir waren immerhin keine zehn mehr, da hat man ja wohl ein Recht auf den eigenen Geschmack! Und so gab es besonders wegen unserer Kleidung manchmal Theater. Es war wohl bei uns allen ähnlich: Mutti hat uns was Nettes, Niedliches zum Anziehen ausgesucht, das wir jedoch nie, nie, niemals tragen würden. Oder wir wollten etwas Cooles, Hippes anziehen, das uns unsere Eltern never-ever erlauben würden. Natürlich durfte es nicht irgendein Pullover sein, sondern ein Hoodie mit dem richtigen Schriftzug, keine einfachen Turnschuhe, sondern weiße Sneakers von Adidas. Und die Marke war dabei ebenso wichtig wie der Laden, in dem man sich einkleidete. „Abercrombie & Fitch", „Tommy Hilfiger" oder „Hollister" war das Mindeste, was auf der Tüte stehen sollte. So gab es häufig ein langes Hin und Her, an das wir uns vielleicht kaum noch erinnern, aber fragt mal eure Eltern, die wissen das noch ganz genau.

Apropos Streit, in dieser Zeit gab es endlose Diskussionen über alles. Wie lange man bei den Freunden bleiben durfte, über die Höhe des Taschengeldes, die Länge der Computerspielzeit, wie lebensnotwendig das neue Smartphone ist und, der Spitzenreiter, die Ordnung! Da unsere Eltern der Überzeugung waren, lange genug hinter uns her geräumt zu haben und wir uns doch schon so erwachsen fühlten, mussten wir selber immer häufiger den Staubsauger in die Hand nehmen und unsere Zimmer auf Vordermann bringen. Tja, das funktionierte leider mehr schlecht als recht.

Entweder hatten wir absolut keine Lust oder fanden, dass es so sauber genug sei. Aber wenn einem die Mutti schon die frisch gewaschenen Klamotten gebügelt und gefaltet hingelegt hatte, dann sollte man das größte Chaos besser ohne Wenn und Aber beseitigen – wenn man schlau war –, denn unsere Mütter saßen am Ende ja doch am längeren Hebel, und das war keine Frage des Geschmacks.

Unsere Zimmer und Geschmäcker veränderten sich und unser Gefühlsleben geriet durcheinander.

Gefühls-durcheinander

Und während wir auf der einen Seite mühsam versuchten, wenigstens in unseren Zimmern ein wenig Ordnung zu halten, brachte uns plötzlich unser Gefühlsleben völlig in Unordnung. Klar hatten wir schon davon gehört, schließlich schwärmten wir schon seit Längerem von Stars wie Ed Sheeran, Shawn Mendes und den Jungs von „One Direction" oder Selena Gomez, Taylor Swift oder Jennifer Lawrence. Vielleicht waren wir damals in unsere Idole wirklich ein wenig verliebt. Aber dann wurde alles anders. Statt ein Poster anzuhimmeln, stellten wir fest, wie kribbelig es einem werden kann, wenn einen ein bestimmter Junge bzw. ein bestimmtes Mädchen neugierig macht, dann anlächelt oder sogar anspricht. Wie sehr wir uns bei manchen darüber freuten, durfte natürlich keiner wissen. Erst recht nicht die Eltern, da die es sich nicht nehmen ließen, immer wieder doof nachzufragen, ob man denn in diese oder jene Person verliebt sei. Das war manchmal ganz schön peinlich. Andere wollten damit cool umgehen und erzählten jedem, der es wissen wollte oder nicht, dass sie eine echte „Beziehung" hätten. Wieder andere übertrieben es, weil sie sich so toll fanden und deshalb angeblich ständig neue „Freunde/Freundinnen" hatten. Von solchen, die die Realität anscheinend mit einer Fernsehserie verwechselt hatten, hielt man sich besser fern. Es kam damals zwar nur selten zum großen Rumgeknutsche und so, aber man kam sich durchaus näher und manchmal auch schon ziemlich nahe. Ach ja, und natürlich erlebten wir in jenen Tagen unseren ersten echten Liebeskummer, aber auch das durften nur die allerallerbesten Freunde oder Freundinnen wissen.

Malala statt Lego

Mit etwa 13 Jahren waren uns die Wahlen, Affären und Krisen des Jahres 2014 ziemlich egal. Uns interessierte vielmehr, wann „Drachenzähmen leicht gemacht 2" „Vampirschwestern 2" oder „The Lego Movie" im Kino anlief. Doch als wir mitbekamen, dass die 17-jährige pakistanische Schülerin Malala Yousafzai für ihr Engagement am 10. Oktober 2014 mit dem Friedensnobelpreis ausgezeichnet wurde, da wurden wir doch ein wenig hellhörig. Nicht nur, weil sie die mit Abstand jüngste Person ist, die diesen Preis bekam, sondern weil sie schon als Elfjährige in einem Internet-Blog über den Taliban-Terror in ihrer Heimat berichtete. Sie schrieb über ihre Ängste und darüber, dass es Mädchen verboten war eine Schule zu besuchen, zu tanzen, Musik zu hören oder unverschleiert auf die Straße zu gehen. Und weil viele Menschen ihre Gedanken lasen und teilten, wurde sie sogar beinahe von der Taliban ermordet. Sie überlebte das Attentat nur knapp und nutzte ihre plötzliche Bekanntheit, um öffentlich das Recht auf Bildung für alle – also auch für Mädchen – einzufordern, das uns so selbstverständlich vorkommt. Sie traf die mächtigsten Leute der Welt und machte ihr Anliegen mit einfachen Worten deutlich: „Wieso ist es so leicht, Waffen zu geben, aber so schwierig, Bücher zu geben? Wieso ist es so einfach, Panzer zu bauen, aber so schwierig, Schulen zu errichten?" Manch einer von uns begann zu ahnen, dass es neben Drachen-, Vampir- und Lego-Filmen wohl sehr viel Wichtigeres gab.

Malala hält eine Rede in Birmingham kurz nachdem sie den Friedensnobelpreis erhalten hat.

Es geht
um alles!

Handwerkliches Geschick, eine gute
Basis für die Entscheidungsfindung.

Entscheidungssache

Abi machen oder doch eher eine
Ausbildung? Vielleicht reicht ja auch
der Real- oder Hauptschulabschluss,
dann hat man zwar weniger Möglichkeiten, aber wenn es für den Wunsch-
beruf ausreicht? Jetzt, in der 9. oder
10. Klasse, kam also die Zeit, in der
genau das entschieden werden
musste. Und wir waren uns so uneins.
„Ich weiß nicht", war wohl die häufigste
Antwort auf die zig Fragen nach

Chronik

7. Januar 2015
Bei einem Anschlag auf die französische Satirezeitschrift Charlie Hebdo werden in Paris zwölf Menschen getötet.

24. März 2015
In den französischen Seealpen sterben bei einem vorsätzlich herbeigeführten Absturz eines Airbus der Germanwings alle 150 Personen an Bord.

31. August 2015
Der Satz „Wir schaffen das!" von Bundeskanzlerin Merkel sorgt im Zusammenhang mit der Flüchtlingspolitik weltweit für Aufsehen.

18. September 2015
Es wird öffentlich, dass die Volkswagen AG eine illegale Abschalteinrichtung in der Motorsteuerung ihrer Diesel-Fahrzeuge verwendet, um Abgasnormen zu umgehen.

13. November 2015
In Paris kommt es gleichzeitig zu mehreren terroristischen Angriffen, die 130 Todesopfer und 352 Verletzte fordern.

23. Juni 2016
In Großbritannien stimmen die Wähler für den Austritt aus der Europäischen Union („Brexit").

19. Dezember 2016
Bei dem Anschlag auf den Berliner Weihnachtsmarkt an der Gedächtniskirche mit einem Sattelzug tötet ein islamistischer Terrorist zwölf Menschen und verletzt mehr als 50.

20. Januar 2017
Donald Trump wird als 45. Präsident der USA vereidigt.

1. Oktober 2017
Mit dem Gesetz „Ehe für alle" haben gleichgeschlechtliche Paare in Deutschland das Recht auf Eheschließung.

14. März 2018
171 Tage nach der Bundestagswahl hat Deutschland wieder eine arbeitsfähige Regierung und wählt Angela Merkel erneut zur Bundeskanzlerin.

12. Juni 2018
Erstmalig findet ein Treffen der Staatsoberhäupter der Atommächte USA (Donald Trump) und Nordvietnam (Kim Jong-un) statt.

unseren Zukunftsideen. Die meisten unserer Eltern fanden, dass wir das Abi oder zumindest das Fachabi machen sollten, damit wir eine ordentliche Grundlage für unser Leben hätten – und noch ein wenig Zeit, um über die nächsten Schritte nachzudenken. Bei einigen war es eine ganz klare Sache. Aber wenn die schulische Leistung und die Lust auf Schule nur so lala waren und man sowieso ein Handwerk erlernen wollte, dann war nach der zehnten Klasse Schluss. Naja, nicht so ganz, denn auch in der Ausbildung musste man ja wieder die Schulbank in der Berufsschule drücken, sich auf Prüfungen vorbereiten und Pausen konnte man sich kaum leisten. Aber vielleicht machte diese Lernerei ja mehr Spaß, weil es doch um die eigenen Interessen ging. So ging der Entschluss über den einzuschlagenden Weg hin und her und her und hin.

G8, G9, geht gar nicht

Die meisten von uns entschieden sich für ein paar weitere Jahre Schulbankdrücken. Aber auch das war gar nicht so einfach, denn schließlich hatte sich die Politik vor ein paar Jahren eine Schulreform überlegt, bei der einige das Abi nach der zwölften, andere nach der dreizehnten Klasse machen konnten.

In manchen Bundesländern war G8 verpflichtend, in anderen wurde von der Neuregelung wieder zurückgerudert auf G9, in wieder anderen konnten sich die Schulen aussuchen, ob sie G8 oder G9 anbieten wollten. Als wenn das alles nicht schon kompliziert genug gewesen wäre … Dazu kamen Berge von Hausaufgaben, bei denen uns unsere Eltern nicht mehr wirklich helfen konnten oder wollten. Und eigentlich wollten wir es auch lieber alleine schaffen. Natürlich waren wir nicht immer die fleißigsten Bienchen. Manchmal ließ man die Sachen einfach sausen, weil man zu faul war oder überhaupt keine Lust oder Zeit hatte. Manchmal bekam man es allerdings auch wirklich nicht hin. Erst der lange Schultag und dann noch einen langen und natürlich guten Aufsatz formulieren, für den man bis in die späten Abendstunden brauchte. Mit einigen Lehrern konnte man tatsächlich über dieses Dilemma sprechen. Aber leider hatten auch Lehrer schlechte Tage, dann gaben sie trotzdem viel auf, natürlich nur etwas Einfaches, meinten sie.

Wer schafft das?

2015 machten sich über eine Millionen Menschen auf den Weg, um über das Mittelmeer und die Balkan-Route zu uns nach Europa zu kommen. Sie flohen vor dem Bürgerkrieg in Syrien, dem islamistischen Terror im Irak, Afghanistan und Pakistan, den Verfolgungen, Kriegen und Hungersnöten in Afrika. Begriffe wie Asyl und Aufenthaltsrecht, Migration und Integration, Erstaufnahmezentren, Illegale und Schleuser bestimmten die Medien. Bilder von erstickten Flüchtlingen in einem Kühllaster oder von ertrunkenen Kindern an Stränden, wo sich sonst nur Touristen tummeln, schockierten uns. Wie könnte man nur all diesen Menschen helfen?, fragten wir uns, unsere Freunde, Eltern und Lehrer. Wir ahnten, dass die Flüchtlingsfrage wahnsinnig komplex, höchst verworren ist.

Nicht alle europäischen Länder waren bereit, Flüchtlinge aufzunehmen. Angela Merkel gab für Deutschland die Devise

Flüchtlinge, die über die Balkanroute nach Deutschland gelangen wollen, setzen ihre Hoffnung auf Angela Merkel.

aus: „Wir schaffen das!" Zahlreiche provisorische Unterkünfte entstanden, freiwillige Helfer engagierten sich. Auf der anderen Seite löste die Flüchtlingswelle auch Ängste aus und gab den Rechtspopulisten starken Aufwind. Zwar wurden die europäischen Grenzen undurchlässiger und die Zahl der nach Deutschland kommenden Geflüchteten ging zurück, doch gelöst ist das Problem noch lange nicht.

Keine Fahrt ins Blaue

Statt wie früher eine kleine „Auszeit" mit den Klassenkameraden zu genießen, bedeuteten die Klassenfahrten nun die Fortführung des Lehrens und Lernens mit anderen Mitteln. Das hieß, dass nicht nur der gemeinsame Spaß im Vordergrund stand, sondern ein schulischer Stoff inklusive Kurzreferat und späterer Tests. Trotzdem gab es auch bei den Klassen- und Kursfahrten schöne Momente, in denen wir Zeit für uns hatten, die Klassengemeinschaft gestärkt wurde, sich neue Freundschaften und Pärchen bildeten. Naja, die üblichen Streitereien und Konflikte waren leider auch mit von der Partie. War ja auch klar, bei dieser bunten Mischung aus coolen Typen, Hipstern, Nerds, Prinzessinnen, Strebern und Freaks. Ganz ehrlich, manchmal kam man sich vor wie in der Chaosklasse aus „Fack Ju Göhte".

Kein Einsehen hatten wir, wenn wir unsere Handys zu bestimmten Zeiten abgeben mussten oder sie gar nicht erst mitnehmen durften. Das fanden wir ungerecht und unnötig. Aber vielleicht lagen die Lehrer damit ja doch nicht ganz so falsch. Zwar fühlten wir uns unserer „Freiheit" beraubt, doch mit dem Smartphone ständig online, den Nachrichten und Spielen hätten wir von den vielen neuen Dingen wohl kaum etwas wahrgenommen.

Probieren geht über studieren

Nun hatten wir im Laufe unserer Zeit wahrlich schon eine Menge ausprobiert. Die unterschiedlichsten Sportarten, Klamotten, Musikrichtungen, Fortbewegungsmittel, Computerprogramme und Apps, und doch gab es immer noch so viel Neues zu entdecken. Bei den Mädchen war es spätestens ab dem Teenie-Alter angesagt, die tausenderlei Style- und Schminktricks auszuprobieren und sich wie die Idole in den geliebten Serien und Filmen mit Make-up aufzustylen. Das klappte nicht immer auf Anhieb und brauchte ein wenig Übung. Aber dafür gab es ja die beste Freundin und vor allem die zahlreichen Bloggerinnen und YouTuberinnen, die uns in Tutorials erklärten, welcher Look zu wem passte, wie man sich am besten stylen konnte und was man dafür alles benötigte. Als Erstes kam meist der Abdeckstift für die blöden Pickel zum Einsatz, dann der Concealer für andere Hautunebenheiten, anschließend eine Foundation vor dem Make-up, bevor mit etwas komplizierteren Techniken Blush, Eyeliner und Mascara aufgetragen wurden. Und zum Schluss der Lippenstift oder Lipgloss. Schon die ganzen Produktbezeichnungen waren fast wie eine neue Fremdsprache. Unsere Lieblingsläden waren in dieser „Findungsphase" Drogeriemärkte wie dm, Müller und Rossmann, wo wir unser Taschengeld für all die nützlichen Hilfs- und Schönheitsmittel umsetzten. Ob mit oder ohne Schminke, am Ende fanden alle ihren Style, mit dem sie sich wohlfühlten.

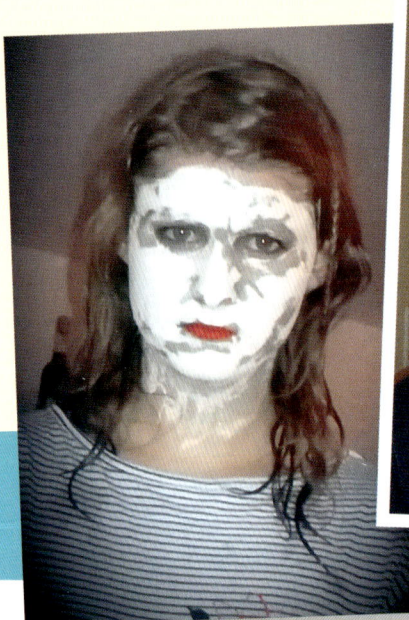
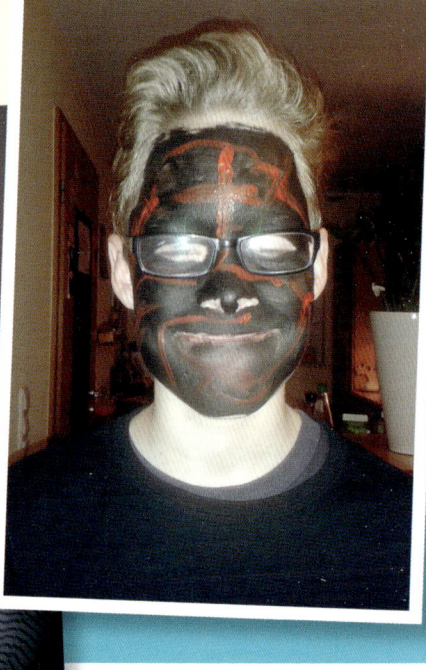

Der etwas andere Schminkalarm – zu Halloween.

Wir und das Netz

Ohne das Internet konnte wir „digital natives" uns ein Leben gar nicht vorstellen. Dabei nutzten wir es natürlich nicht nur zu unserem Vergnügen, sondern hatten längst auch gelernt, es als Hilfsmittel für die Schule einzusetzen. Ein gutes Beispiel sind Referate oder Präsentationen, die wir vortragen mussten. Doch einfach das Thema eingeben und – schwupps – kam aus dem Drucker

Ging auch noch:
Abhängen mit Buch.

die fertige Arbeit ... tja, ganz so einfach war es nicht. Da im Netz zu allen Themen und Fragen unendlich viel zu finden ist, musste man erst mal das Richtige finden.

Ein schöner Nebeneffekt war, dass man auf der Suche nach bestimmten schulnotwendigen Themen immer ganz zufällig auf bunte Klatsch- und Tratsch-Seiten über Promis, neue Filme, aktuelle Musik und wichtige Ereignisse stolperte. Oder auf einem der angesagten Klamottenportale wie Zalando, About You oder Asos nach neuen Outfits stöberte. Oder bei gewitzten Bloggern, Vloggern und Youtubern landete und ihre Videos, Tutorials und Musicallys anschaute. Oder schnell noch mal mit Freunden chattete, ein paar Neuigkeiten postete und auf deren Insta-Seiten die neuesten Bilder likte ... Ach ja, was war doch gleich das Thema des Referats?

Wir lernten also ganz nebenbei, wozu das Netz alles nützlich war. Kurz gesagt, im Datennetz gab's nichts, was es nicht gibt, und wir waren darin ständig unterwegs. Aber um unsere Eltern und Lehrer zu beruhigen, sei gesagt, dass wir uns manchmal durchaus eine Netzpause gönnten, um vielleicht in der Hängematte ein gutes Buch zu lesen. Ungelogen!

Es geht ab mit App

Natürlich geht es hier weder um den Künstler oder Forscher namens App und auch nicht um die Band „The **A**llan **P**arsons **P**rojekt" oder das fiese Bakterium **A**ctinobacillus **p**leuro**p**neumoniae. Das ist zwar gut zum Klugscheißen, doch nützt es einem nicht auf dem Handy. Und das war und ist schließlich unser liebstes Ding. Schließlich konnten wir über das Smartphone und die darauf installierten Apps, also die Application software, mit virtuellen Freunden in den sozialen Netzwerken kommunizieren oder mit realen Freunden „simsen" und „snappen". Und all die anderen mehr oder weniger nützlichen und lebenserleichternden Apps mussten ja auch noch bedient werden.

Fast alle waren wir bei Snapchat und Instagram, natürlich bei Whatsapp, nicht mehr unbedingt bei Facebook, manchmal bei Twitter oder Pinterest – da mussten Nachrichten, Posts, Tweets, Bilder und Storys gelesen, geliked oder eingestellt werden. Und natürlich hatten wir das eine oder andere Spiel mit Suchtfaktor 'runtergeladen, wie Candycrush, Ballz, Helix Jump oder Quizduell, bei dem man sich auch online mit Freunden oder Unbekannten batteln konnte. Natürlich durfte Spotify auf dem Handy nicht fehlen, um immer die aktuellste Musik zu haben. Musik aus dem Radio war für uns Vergangenheit, irgendwann hatten wir entdeckt, dass es auf YouTube und Spotify viel bessere Musik für jeden Geschmack zu finden gab – also nur noch die Kopfhörer auf oder in die Ohren … Das mit den Kopf- oder Ohrhörern war übrigens nicht nur aus modischer Sicht nicht unwichtig, sondern auch, damit man nicht alle anderen nervte, selbst wenn man natürlich die garantiert beste Musik auf den Ohren hatte.

Und Fernsehen? Das hatte bei vielen von uns fast schon ausgedient. Die meisten von uns schauten das, was sie interessierte, über Internet-Plattformen wie Youtube, Netflix oder amazon prime, wo man problemlos auf unendlich viele Serien und Filme zugreifen konnte. Dann saß man also wieder vor einem Bildschirm und bekam mit Sicherheit einen Satz wie „Geh doch mal nach draußen" oder „Lies doch mal ein Buch" in den Hals gedrückt.

Natürlich saßen wir nicht nur an Handy und Laptop oder ließen uns in der Schule stressen, sondern gingen auch unseren Hobbys und anderen Interessen nach. Und dabei konnte man schon ziemlich krasse Unterschiede feststellen. Während der eine nur in der Schule ein wenig Sport machte und lieber musikalisch unterwegs war, lebten andere fast ausschließlich für ihren Sport. Uns war es wichtig, dass wir auch Dinge beherrschten und verstanden, die nicht unbedingt in der Schule drankamen und mit denen wir uns vom Schulalltag erholen oder abreagieren konnten.

Auch analog sind wir nicht schlecht.

Wo die wilden Kerle wohnen

Wer kennt es nicht, jenes Bilderbuch über den Jungen Max, der den monströsen wilden Kerlen begegnet. Ein Kinderbuch, sicherlich, aber seit 2016 hat man fast den Eindruck, als seien wir wie Max auf einer Insel der wilden Kerle gelandet, nur dass sie statt Hörnern und Zähnen teure Anzüge tragen. Diese heißen Donald, Kim, Wladimir und Recep – und gebärden sich ähnlich wild: Ein amerikanischer Milliardär mit Fiffi-Frisur, dem Klima und Umwelt egal sind, der hohe Grenzmauern und Rakentenknöpfe liebt und gegen alle Kritiker auf Twitter pöbelt. Ein koreanischer Diktator mit ebenso merkwürdiger Frisur, der liebend gerne Atomraketen testet,

sämtliche Kritiker wegsperrt oder ihnen Schlimmeres antut und zur Sicherheit allen das Internet verbietet. Ein russischer Geheimdienstmann, der sich in markigen Posen gefällt, ebenfalls das atomare Säbelrasseln liebt und sich nebenbei eine benachbarte Halbinsel einverleibt. Ein türkischer Anzugträger, der sich als Demokrat sieht, aber von Demokratie, Pressefreiheit und Frauenrechten nicht viel hält, Satire nicht versteht, dafür aber mit der Todesstrafe liebäugelt.

Man könnte meinen, unsere Welt ist jener Ort, wo die wilden Kerle nicht nur wohnen, sondern auch regieren. Man könnte fast ein wenig Angst bekommen.

Mit 16 gab's das erste offizielle und „erlaubte" Bier.

Zeitenwende

Der 16. Geburtstag war ein wichtiger Einschnitt in unserem Leben. Wir durften endlich mal abends länger unterwegs sein und auch auf die ersten richtigen Partys gehen. Je später der Abend, je besser die Party, desto mehr hatten wir auch Lust, Neues auszuprobieren, z. B. „was" zu rauchen oder zu trinken. Meist fing es mit den süßlichen Mixgetränken und Alcopops an, die irgendeiner besorgt hatte. Dann wurden Bier oder Sekt probiert und so manch einer schlängelte sich durch die verschiedenen Angebote in Sachen Alkohol. Wir waren schließlich 16. Aber dann war es doch ein ziemlicher Schock,

als jemand aus dem Bekannttenkreis wegen einer Alkoholvergiftung im Krankenhaus landete. Klar wussten wir, dass
man die Sache nicht übertreiben durfte, und es gab einige,
die haben nicht mal am
Alkohol gerochen, dafür
stürzten andere umso doller
ab. Solche überaus interes

Feten- und faschingstauglich:
verkleidet als Hanfblätter.

santen Partygeschichten, die ja eigentlich geheim bleiben sollten, kamen immer
heraus. Meist natürlich aus Angeberei. Ähnlich war es mit dem Rauchen:
Manche probierten es einmal und nie wieder, andere blieben dabei, weil es
doch irgendwie cool und verbindend war.

Na, den Ärger mit den Eltern kann man sich leicht vorstellen. Aber einige
Erfahrungen mussten wir einfach am eigenen Leibe machen.

Pflichten und Freiheiten

Für viele war es wichtig, einen Führerschein zu machen. Mit
16/17 konnten wir uns schon in der Fahrschule anmelden.
Doch es war gar nicht so einfach, neben der Schule, den
Hobbys, den Freunden, den Partys und den Lieblings-
Apps noch die Fahrschule zu meistern. Aber irgendwie
war es machbar, hatte man doch das Gefühl, dass
man dort, wo man freiwillig lernte, auch sehr viel
schneller lernte. So machten einige von uns schon mit
16 den Motorrad-Führerschein. Die waren dann mit
125er-Bikes genauso schnell wie die Autofahrer unterwegs. Das war natürlich klasse, vor allem, wenn man ein
wenig abgelegener wohnte und die stundenlange
Warterei an Bus- und Bahnhaltestellen Vergangenheit war.

Ein Schein, zwei Räder und ganz viel Freiheit.

Auch musste man nicht mehr die Eltern nerven, damit sie einen hierhin oder dorthin bringen würden. Aber dieser Schein für die eigene Unabhängigkeit hatte seinen Preis. Zuerst die allgemeine Unsicherheit, dann die Qual der Theoriestunden. Ca. 14-mal für 90 Minuten Filmchen anschauen, Tafeln betrachten, Geschichten hören, Fragen- und Antwortspiele. Am Ende sollten wir über 1000 mögliche Fragen beantworten können, von denen in der Prüfung gerade mal 30 drankommen. Aber wir waren ja Profis in Sachen lernen, auch wenn wir alles für den Fahrradführerschein längst vergessen hatten. Dann noch die praktische Prüfung, zu der wir uns mit zitternden Händen und ein wenig Panik in den Augen quälten. Geschafft! (Ok, meistens.) Es war einfach ein tolles Gefühl, etwas endlich geschafft zu haben, das einem wirklich richtig wichtig war. Also Helm auf, Zündung, das breiteste Grinsen eingeschaltet – und schon ging's los.

2001er Stars und Wunderkinder

21. Feb.	**Isabella Acres**
	Die US-Amerikanerin durfte schon in den Serien „Monk", „The Mentalist" und „Hanna Montana" mitspielen.
23. April	**Aniya Wendel**
	Die Berlinerin wurde unter der Regie von Fatih Akim in dem Film „Tschick" bekannt.
5. Aug.	**Maddox Jolie-Pitt**
	Der als Adoptivsohn von „Brangelina" berühmte Schauspieler ist schon mit 17 Filmproduzent.
6. Aug.	**Ty Keegan Simpkins**
	Der US-Amerikaner schauspielert seit seinem ersten Lebensjahr und war schon in „Iron Man 3" und „Jurassic World" zu sehen.
24. Aug.	**Luca Pferdmenges**
	Der „Superkid"-Jongleur aus Mönchengladbach hält mehrere Guinness-Weltrekorde.

26. Sept.	**Michael Andreas Häringer**
	Der Spanier mit deutschen Wurzeln spielt seit seinem 5. Lebensjahr Klavier, gewann zahlreiche Preise und schreibt Filmmusik.
1. Okt.	**Madeleine Harris**
	Die Engländerin war schon als Vampir und an der Seite von Paddington im Kino zu sehen.
25. Okt.	**Prinzessin Elisabeth Thérèse Marie Hélène von Belgien**
	Die Herzogin von Brabant ist auf Platz 1 der belgischen Thronfolge.
18. Dez	**Billie Eilish**
	Sie heißt eigentlich Billie Eilish Pirate Baird O'Connell, ist amerikanische Singer-Songwriterin und wurde von der Vogue als „Pop's Next It Girl" gefeiert.

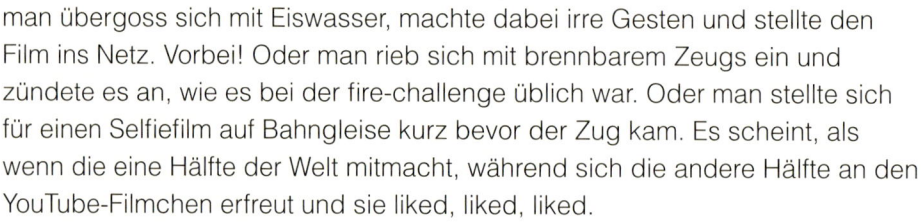

Hauptsache geliked?

Da sind wir 2001er nun und haben in den vergangenen 18 Jahren jede Menge gelernt, erlebt und ausprobiert, fühlen uns schon ziemlich erwachsen und abgeklärt und wissen manchmal trotzdem nicht, was wir eigentlich tun sollen und wollen.

Schon all diese Trends, denen wir – ohne eine Erklärung – plötzlich folgten, wie z. B. die Ice-bucket-challenge: Die Idee dahinter war egal, Hauptsache man übergoss sich mit Eiswasser, machte dabei irre Gesten und stellte den Film ins Netz. Vorbei! Oder man rieb sich mit brennbarem Zeugs ein und zündete es an, wie es bei der fire-challenge üblich war. Oder man stellte sich für einen Selfiefilm auf Bahngleise kurz bevor der Zug kam. Es scheint, als wenn die eine Hälfte der Welt mitmacht, während sich die andere Hälfte an den YouTube-Filmchen erfreut und sie liked, liked, liked.

Eine andere Welle erfasste uns im Sommer 2016, als wir plötzlich (fast) alle auf die Jagd nach Taschenmonstern – Pokémons – gingen, und zwar auf Plätzen, Straßen, in Parks und Bahnhöfen. Die App Pokémon Go zeigte uns, wo die virtuellen Monster im realen Stadtbild versteckt waren. Immerhin trieb sie uns ins Freie, was unsere Eltern erst mal freute. So schnell, wie dieser Hype aufploppte, verschwand er auch wieder. Ein anderer nicht wirklich nachzuvollziehender Trend folgte: der Fidget Spinner, mit dem 2017 plötzlich alle hantierten und ihre Umgebung nervös machten. Wirklich jeder musste solch einen Handkreisel haben, der eigentlich für Therapiezwecke gedacht war und

angeblich die Konzentration fördern sollte. Wie sollten das unsere Eltern verstehen? Verstanden wir es doch selbst nicht richtig!

Egal, ob Klamotten, Superheldenfilme oder neue Musikgruppen, Mangas oder Animes, alles wurde von uns mit einem riesigen Hype gefeiert. Da wurden die japanischen Comics nicht nur nachgezeichnet, die Fans verkleideten und schminkten sich auch so wie ihre gezeichneten Idole. Und wer möchte allen Ernstes behaupten, dass ihm K-Pop (Korean-Popular-Music) wirklich gefällt? Zugegeben, das ist ähnlich wie mit dem Eis, dem Feuer und dem Zug … nur nicht so gefährlich.

Liken und Mitmachen ist in unserer vernetzten Welt ja nicht nur schlecht. Immerhin zeigen wir 2001er, dass wir offen sind für vieles, es aber auch kritisch hinterfragen.

Unser Weg?

Wir haben so viele Möglichkeiten und nicht nur im Netz ist fast nichts unmöglich. Aber vielleicht wird genau das unser Problem. Es gibt so vieles, das wir machen wollen, so viele Orte, die wir sehen wollen, so viele Leute, die wir treffen wollen, und so viele Dinge, die wir ausprobieren wollen. In welche Richtung soll es gehen? Werden wir YouTube-Star mit Millionen Fans, ziehen wir die beklopptesten Klamotten an und werden selbst in fernsten Ländern bestaunt oder beglücken wir die Menschen als solide, gut ausgebildete Handwerker? Vielleicht werden wir sogar Lehrer. Und zwar solche, die es noch besser machen als unsere es taten? Wir fragen uns, wir informieren uns und wir sind uns nicht sicher. Sind Roboter und Klone die Zukunft? Was machen wir mit unserer Umwelt? Was ist mit all den Krisenherden auf unserer Erde? Wer soll sich darum kümmern, wenn nicht wir? Es ist schon ein wenig beängstigend, wenn man sich das so durch den Kopf gehen lässt. Aber das ist unsere Welt und in der werden wir alle unseren Weg finden, so verschieden wir auch sind – und wir 2001er sind schon ziemlich verschieden!

Wohin? Wir haben so viele Möglichkeiten.